**WISSENSCHAFTLICHE BEITRÄGE
AUS DEM TECTUM VERLAG**
Reihe Pädagogik

WISSENSCHAFTLICHE BEITRÄGE AUS DEM TECTUM VERLAG

Reihe Pädagogik

Band 26

Volker Herold

Eltern- und Familienarbeit in der Heimerziehung

Grundlagen, Probleme und Lösungen

Tectum Verlag

Volker Herold

Eltern- und Familienarbeit in der Heimerziehung.
Grundlagen, Probleme und Lösungen
Wissenschaftliche Beiträge aus dem Tectum Verlag:
Reihe: Pädagogik; Bd. 26
ISBN: 978-3-8288-2595-6
ISSN: 1861-7638
Umschlagabbildung: © Jennifer Jürgens, Reichenbach 2010
Umschlaggestaltung: Heike Amthor | Tectum Verlag
© Tectum Verlag Marburg, 2011

Besuchen Sie uns im Internet
www.tectum-verlag.de

Bibliografische Informationen der Deutschen Nationalbibliothek
Die Deutsche Nationalbibliothek verzeichnet diese Publikation in der
Deutschen Nationalbibliografie; detaillierte bibliografische Angaben
sind im Internet über http://dnb.ddb.de abrufbar.

Inhaltsverzeichnis

Abkürzungsverzeichnis 9

1 Einleitung 11

2 Begriffsexplikation „Eltern- und Familienarbeit" 15

3 Entstehungsgeschichte der Eltern- und
   Familienarbeit in der Heimerziehung 21

4 Heimerziehung heute –
   Charakteristik eines bedeutenden Arbeitsfeldes 29

4.1 Definition, Zielsetzung, Charakteristik 29

4.2 Strukturmaximen moderner Heimerziehung 33

    4.2.1 Dezentralisierung 34

    4.2.2 Regionalisierung/Milieunahe Unterbringung 34

    4.2.3 Alltags- und Lebensweltorientierung 35

    4.2.4 Partizipation 36

    4.2.5 Prävention 37

4.3 Adressaten der Heimerziehung –
   fremduntergebrachte Kinder und Jugendliche
   und deren Familien 38

    4.3.1 Die Familien 38

    4.3.2 Die Kinder und Jugendlichen 40

5 Forschungsergebnisse zur Eltern-
   und Familienarbeit in der Heimerziehung 43

5.1 Zentrale Ergebnisse der PLANUNGSGRUPPE PETRA
   zur Eltern- und Familienarbeit in der Heimerziehung 43

5.2 Zentrale Ergebnisse der Studie zur Eltern- und Familienarbeit
   des VERBANDES KATHOLISCHER EINRICHTUNGEN DER
   HEIM- und HEILPÄDAGOGIK e.V. 44

5.3 Zentrale Ergebnisse der Studie zur Elternarbeit
in der Heimerziehung von MARIE-LUISE CONEN 45

5.4 Persönlichkeitsentwicklung von jungen Menschen in
Erziehungsheimen – eine Studie von GERD HANSEN 46

5.5 Heimerziehung als kritisches Lebensereignis –
eine Studie von HELMUT LAMBERS 47

5.6 Zentrale Ergebnisse der JULE-Studie 47

5.7 Verwirkte Elternschaft? –
eine Studie von JOSEF FALTERMEIER 49

5.8 Zusammenfassende Betrachtung 50

5.9 Aktuelle Diskussionen 50

6 Notwendigkeit von Eltern- und Familienarbeit in der Heimerziehung 53

6.1 Rechtliche Begründung 53

6.2 Begründung aus fachwissenschaftlicher Perspektive 55

    6.2.1 Systemtheoretische Perspektive 56

    6.2.2 Psychoanalytische Perspektive 63

6.3 Ökonomische Begründung 67

7 Zielstellungen von Eltern- und Familienarbeit 69

8 Methodisches Arbeiten in der Eltern- und Familienarbeit 71

8.1 Phase - I Eltern- und Familienarbeit
im Vorfeld der Heimaufnahme 73

8.2 Phase II - Eltern- und Familienarbeit
während der Fremdunterbringung 78

    8.2.1 Informelle Kontakte 78

    8.2.2 Telefonische und schriftliche Kontakte 79

    8.2.3 Besuche der Familien in der Einrichtung 80

    8.2.4 Eltern- und Familiengespräche 82

8.2.5 Hausbesuche 85
8.2.6 Einbindung der Eltern in den Alltag der Einrichtung 86
8.2.7 Beurlaubungen 88
8.2.8 Trauerarbeit 89
8.2.9 Eltern- und Familienarbeit ohne Eltern 90
8.2.10 Gruppenbezogene Elternaktivitäten 91
8.2.11 (Re-)Stabilisierung der Herkunftsfamilie 93
8.3 Phase III – Rückführung, Verselbständigung, Nachbetreuung 95

9 Probleme, Schwierigkeiten und Hindernisse in der Eltern- und Familienarbeit 99

9.1 Strukturelle und organisatorische Probleme in der Eltern- und Familienarbeit 100

9.1.1 Ausbildung und Qualifikation der Heimmitarbeiter 100

9.1.2 Zusammenarbeit zwischen den Fachkräften in den Einrichtungen 108

9.1.3 Zeitliche, personelle und finanzielle Ressourcen 113

9.1.4 Räumliche Entfernung zur Herkunftsfamilie 114

9.2 Die Zusammenarbeit zwischen Eltern/Familien und pädagogischen Fachkräften 117

10 Verbesserungsvorschläge für die Eltern- und Familienarbeitspraxis 123

10.1 Allgemeine Forderungen und Ansätze zur Weiterentwicklung 123

10.2 Berufsethische Prinzipien für die Zusammenarbeit mit Herkunftsfamilien der fremduntergebrachten jungen Menschen 127

11 Zusammenfassung 137

12 Literaturverzeichnis 141

13 Anlagen..151

Abbildungs- und Tabellenverzeichnis..................................153

Abkürzungsverzeichnis

Abb.	Abbildung
Arge	Arbeitsgemeinschaft
Art.	Artikel
ASD	Allgemeiner Sozialer Dienst
Aufl.	Auflage
anerk.	anerkannt, anerkannte, anerkannter
bzw.	beziehungsweise
d.h.	das heißt
DDR	Deutsche Demokratische Republik
Dipl.	Diplom
Erz.	Erzieher(in)
etc.	et cetera
e.V.	eingetragener Verein
evt.	eventuell
f.	folgend
ff.	und folgende
GG	Grundgesetz
ggf.	gegebenenfalls
Heilp.	Heilpädagoge
HEP	Heilerziehungspfleger
Hrsg.	Herausgeber
i.d.R.	in der Regel
IGfH	Internationale Gesellschaft für erzieherische Hilfen
JWG	Jugendwohlfahrtsgesetz
Kap.	Kapitel
KJHG	Kinder- und Jugendhilfegesetz

o.A.	ohne Angabe
Päd.	Pädagoge
SPFH	Sozialpädagogische Familienhilfe
SGB	Sozialgesetzbuch
Soz.Päd.	Sozialpädagoge
Tab.	Tabelle
u.a.	unter anderem
usw.	und so weiter
u.U.	unter Umständen
vgl.	vergleiche
WG	Wohngruppe
z. B.	zum Beispiel
zit. n.	zitiert nach
%	Prozent
§	Paragraph
&	und

1 Einleitung

Frau M. besucht jeden Mittwoch von 15:30 Uhr bis 20:00 Uhr ihre beiden Söhne in der Sozialpädagogischen Wohngruppe des Erziehungshilfevereins Göltzschtal e.V. in Weidig.[1] Weil sie vor circa zwei Jahren eine Zeit voller Krisen und Konflikte durchlebte und die Erziehung ihrer beiden Kinder nicht mehr zureichend gewährleisten konnte, entschied sich Frau M. damals, Mike (10) und Stefan (7) für begrenzte Zeit stationär in der Sozialpädagogischen Wohngruppe unterzubringen. Nach anfänglichen Zweifeln merkte sie schon bald, dass die Angst vor Entfremdung von ihren Kindern unbegründet war. Zwischen ihr und den pädagogischen Fachkräften[2] der Einrichtung entwickelte sich ein partnerschaftliches Verhältnis und eine gute Zusammenarbeit. Frau M. hatte von Anfang an jederzeit die Möglichkeit, ihre Söhne anzurufen oder zu besuchen und trägt bis heute auch weiterhin in allen Belangen der Kinder die Erziehungsverantwortung. So hat sie mit den Mitarbeitern der Einrichtung einen festen wöchentlichen Besuchstag vereinbart, an dem sie sich abwechselnd für eines ihrer beiden Kinder viel Zeit nimmt. Mit Mike geht sie nach der gemeinsamen Erledigung seiner Hausaufgaben zum Fußballtraining und kann seine spielerischen Fortschritte beobachten. Mit Stefan realisiert sie selbständig Zahnarzttermine, kauft Bekleidung und nimmt am Elternabend in der Grundschule teil. Wenn der Sozialpädagogischen Wohngruppe Veranstaltungen ins Haus stehen (z. B. Fußball-Sommercup, Elternforum, Ausflüge),

---

1   Der Name des Trägervereins sowie die Ortsangabe wurden aus rechtlichen Gründen verfremdet bzw. sind fiktiv.

2   In der vorliegenden Arbeit bezeichnet der Verfasser die Gesamtheit der berufsmäßig beschäftigten Personen, welche mit der Erziehung und Betreuung fremduntergebrachter junger Menschen beauftragt sind, als pädagogische Fachkräfte in der Heimerziehung (bzw. Heimmitarbeiter oder Heimerzieher). Die verwendeten Bezeichnungen werden (zunächst) nicht nach Berufsabschlüssen differenziert. In der Heimerziehung arbeiten Personen mit verschiedenen sozialpädagogischen/pädagogischen Berufsabschlüssen (z. B. staatlich anerkannte Erzieher, Diplom-Sozialpädagogen, Diplom-Sozialarbeiter, Diplom-Psychologen u.a.). Diese „Heimmitarbeiter" können verschiedene spezifische Tätigkeiten inne haben, z. B. Erzieher im Gruppendienst, Teamleiter, Einrichtungsleiter, gruppenübergreifend tätige Mitarbeiter u.a. Es kann jedoch bereits vorweggenommen werden, dass die Mehrheit der pädagogischen Mitarbeiter den Berufsabschluss *„Staatlich anerkannte(r) ErzieherIn"* führt (vgl. Kap. 9.1). Um der Geschlechterfrage Rechnung zu tragen, ergibt sich auch aufgrund des Zitierens verschiedener Autoren eine recht unsystematische Verwendung von weiblichen und männlichen Bezeichnungsformen. Selbstverständlich sind in der gesamten Arbeit immer sowohl Frauen als auch Männer gemeint.

meldet sich Frau M. meist freiwillig zur Organisation, Vorbereitung der Verpflegung oder zur Mobilisierung anderer Eltern. Da im wöchentlichen Wechsel einer ihrer Söhne zu ihr nach Hause beurlaubt wird, kann sie sich langsam auf die Rückführung ihrer Kinder vorbereiten und adäquate Reaktionen auf Probleme einüben. Wenn sie am Sonntag ihr Kind zur Einrichtung zurückbringt, hat sie die Möglichkeit, die Erlebnisse des Wochenendes mit den pädagogischen Fachkräften zu reflektieren und alternative Verhaltensweisen zu besprechen. Demnächst hat Mike Geburtstag. Zur Durchführung der Feier in den Räumen der Einrichtung hat Frau M. schon viele Ideen, die sie beim nächsten Besuch mit dem Bezugserzieher Herrn K. besprechen wird.[3]

Das beschriebene Fallbeispiel zeigt einen Ausschnitt aus der Eltern- und Familienarbeit in der Sozialpädagogischen Wohngruppe Weidig des freien Jugendhilfeträgers Erziehungshilfeverein Göltzschtal e.V. Eltern- und Familienarbeit[4] soll an dieser Stelle vorläufig definiert werden als die Einbeziehung von Herkunftseltern und weiteren Familienmitgliedern in die pädagogische Arbeit stationärer Erziehungshilfeeinrichtungen[5].

---

3 Die in der vorliegenden Arbeit verwendeten Fallbeispiele wurden aus Gründen des Sozialdatenschutzes hinsichtlich der persönlichen Angaben verfremdet und inhaltlich leicht abgewandelt. Wegen der besseren Übersichtlichkeit wurde für Fallbeispiele in der gesamten Arbeit die kursive Schreibweise gewählt.

4 In der vorliegenden Arbeit wird vorzugsweise der Begriff „Eltern- und Familienarbeit" verwendet. In älteren Publikationen ist häufig nur von „Elternarbeit" die Rede, auch wenn darunter schon der Einbezug weiterer Familienangehöriger verstanden wird. Noch relativ selten trifft man auf den Terminus „Familienarbeit". Der Gebrauch des Begriffes „Eltern- und Familienarbeit" stellt eine Übergangslösung dar. Alle drei Kategorien werden in der vorliegenden Arbeit synonym benutzt. Des Weiteren wird von einem weiten Familienbegriff ausgegangen. Zu den Mitgliedern der Herkunftsfamilie zählen somit neben den Eltern auch Geschwister, Großeltern, neue Lebenspartner der Elternteile und weitere nähere Verwandte, wenn sie eine enge Beziehung zu dem jungen Menschen haben. Unter „Familie" werden ebenso „[...] allein Erziehende verstanden, wo ein Elternteil durch Tod oder Scheidung ausgeschieden ist, Stief- bzw. Folgefamilien, Pflege- und Adoptivfamilien sowie die Gemeinschaft eines nichtehelichen Kindes mit Mutter oder Vater" (JURCZYK & WAHL 2008: 291).

5 Aus sprachstilistischen Gründen verwendet der Verfasser der vorliegenden Arbeit für den Begriff der „Heimerziehung" gleichwertig die Formulierungen „stationäre Erziehungshilfe", „institutionelle Fremdunterbringung" und „stationäre Fremdunterbringung". Nicht gemeint ist damit die Unterbringung von jungen Menschen in Pflegefamilien.

Die Zusammenarbeit mit den Herkunftssystemen fremduntergebrachter junger Menschen ist eine relativ junge Aufgabe im traditionellen Arbeitsfeld der Heimerziehung. Sie ist heute Qualitätskriterium und gesetzlich geforderter Auftrag zugleich. „Eltern oder, noch allgemeiner, Angehörige in Leistungen der Sozialen Arbeit einzubeziehen, ihre Mitwirkung und Beteiligung sicherzustellen, gehört zu den Grundstandards guter fachlicher Arbeit" (TREDE 2008: 227).[6] Trotz vielfältiger fachwissenschaftlicher Ansätze, die die Notwendigkeit und den Nutzen von Eltern- und Familienarbeit in der Heimerziehung begründen, scheint zwischen den theoretischen Ansprüchen und der alltäglichen Heimerziehungspraxis eine beachtliche Kluft zu bestehen. In nahezu allen Publikationen zur Thematik Eltern- und Familienarbeit während einer stationären Fremdunterbringung wird auf dieses Missverhältnis hingewiesen. „Die Eltern werden nicht durchweg als Auftraggeber, Partner oder Kunden betrachtet, sondern auch als Störer angesehen, die partnerschaftliche Zusammenarbeit wird als Alibi-Begriff verstanden und das Erfordernis einer intensiven ressourcenaktivierenden Elternarbeit nicht anerkannt bzw. die Ressource ‚Elternarbeit' nicht genutzt" (SCHULZE-KRÜDENER 2007: 108 f.). Mit Sicherheit gibt es auch Einrichtungen der stationären Erziehungshilfe, in denen bereits eine fortschrittliche Zusammenarbeit mit den Herkunftsfamilien geleistet wird, andere wiederum erwecken den Eindruck, diesbezüglich noch im Dunkeln zu tappen.

Während der eigenen praktischen Tätigkeit im Arbeitsfeld der Heimerziehung und einem Berufspraktikum im Jugendamt des Vogtlandkreises machte der Verfasser der vorliegenden Arbeit ähnliche Erfahrungen. Dies war Anlass, sich einmal eingehender mit der Thematik Eltern- und Familienarbeit in der Heimerziehung zu befassen.

Ziel der vorliegenden Arbeit ist die Darstellung, Analyse und kritische Auseinandersetzung mit der Thematik Eltern- und Familienarbeit in der Heimerziehung. Unter Einbeziehung praktischer Beispiele, die meist aus der pädagogischen Arbeit der Sozialpädagogischen Wohngruppe Weidig des Erziehungshilfevereins Göltzschtal e.V. entnommen sind, soll dabei ein enger Bezug zur Praxis hergestellt wer-

---

6   In der vorliegenden Arbeit werden die Begriffe „Sozialpädagogik" und „Sozialarbeit" und ihre entsprechenden Adjektive deckungsgleich verwendet. Nimmt man jedoch eine präzise Explikation der beiden Begriffe vor, zeigt sich, dass Sozialpädagogik mehr ist als Sozialarbeit – nämlich professionelle Hilfe und Erziehung statt nur professionelle Hilfe (vgl. NOACK 2001: 18). Um diesem Umstand Rechnung zu tragen, wird in der vorliegenden Arbeit der Oberbegriff „Soziale Arbeit" verwendet (Subsumtionstheorem).

den. Im Zuge der Erörterung sollen vor allem drei zentrale Fragen beantwortet werden:
Warum ist Eltern- und Familienarbeit in der Heimerziehung eine unabdingbare und lohnenswerte Aufgabe?
Worin bestehen die Hindernisse, die einer gelingenden Eltern- und Familienarbeitspraxis im Wege stehen?
Welche Möglichkeiten gibt es, diese Schwierigkeiten zu beseitigen und die alltägliche Praxis zu verbessern?

Dabei ist die Vorgehensweise innerhalb der vorliegenden Arbeit wie folgt zu charakterisieren: Zunächst wird in Kapitel 2 eine ausführliche Explikation des Eltern- und Familienarbeitsbegriffes durchgeführt. Kapitel 3 beschäftigt sich mit der historischen Herausbildung der Eltern- und Familienarbeit im Arbeitsfeld Heimerziehung. Die theoretischen Grundlagen zum Arbeitsfeld Heimerziehung (Ziele, gesetzliche Grundlagen[7], Adressaten etc.) werden in Kapitel 4 geliefert. In Kapitel 5 wird ein Überblick über den momentanen Forschungsstand zur Eltern- und Familienarbeit in der Heimerziehung gegeben. Anschließend beschäftigen sich die Kapitel 6 und 7 mit der Notwendigkeit und den Zielstellungen von Eltern- und Familienarbeit im stationären Kontext. Eine eingehende Schilderung methodischen Arbeitens in der Zusammenarbeit mit Herkunftsfamilien erhält der Leser in Kapitel 8. In Kapitel 9 werden spezifische Probleme, Hindernisse und Schwierigkeiten, welche in der Praxis der Eltern- und Familienarbeit auftreten können, erörtert. Unter Bezug auf Kapitel 9 stellt das 10. Kapitel Lösungsvorschläge für eine gelingendere Eltern- und Familienarbeitspraxis dar. Im Zuge dessen sollen vor allem berufsethische Aspekte der Zusammenarbeit mit Herkunftsfamilien entfaltet werden.[8]

---

7   Alle in der vorliegenden Arbeit verwendeten gesetzlichen Grundlagen wurden entnommen aus einer Gesetzestextsammlung für soziale Berufe (vgl. STASCHEIT 2008: 15 ff.).

8   Da die vorliegende Arbeit auch der Verleihung des Diplomgrades (Diplom-Berufspädagoge/TU Dresden) dient, enthalten insbesondere die Kapitel 9 und 10 einen engen Bezug zur Berufspädagogik (u.a. Ausbildung der Fachkräfte, Berufsethik).

2 Begriffsexplikation „Eltern- und Familienarbeit"

Der Begriff „Eltern- und Familienarbeit" begegnet dem interessierten Leser fachwissenschaftlicher Publikationen aus dem Bereich der Sozialen Arbeit sowie den in der Profession Tätigen mit zunehmender Häufigkeit. Doch was genau verbirgt sich hinter diesem viel diskutierten und mithin recht inflationär gebrauchten Begriff?

Eltern- und Familienarbeit versteht sich als Angehörigenarbeit und wird heute in vielen Arbeitsfeldern der Sozialen Arbeit geleistet (vgl. HOHMEIER & MAIR 1989: 7 ff.). Einen besonders hohen Stellenwert nimmt sie in der Kinder- und Jugendhilfe ein.

Arbeitsfeldübergreifend wird unter Eltern- und Familienarbeit die Einbeziehung von Eltern und weiteren Familienangehörigen in ganz unterschiedliche Aktivitäten der Sozialen Arbeit und der Bildungsarbeit für Kinder, Jugendliche und jungen Erwachsene verstanden, mit der Zielstellung, die Reibungspunkte zwischen institutionalisierter Erziehung und familialer Erziehung zu reduzieren und so den Erfolg professioneller pädagogischer Bemühungen für alle Beteiligten zu erhöhen (vgl. TREDE 2008: 227; VERNOOIJ 2001: 103).

Abzugrenzen ist Eltern- und Familienarbeit von Leistungen der Kinder- und Jugendhilfe, die sich ausschließlich und unmittelbar an Eltern und Familien richten wie zum Beispiel Angebote der Familienbildung (§ 16 SGB VIII), die Beratung in Fragen der Partnerschaft (§ 17 SGB VIII), die Erziehungsberatung (§ 28 SGB VIII) oder die Sozialpädagogische Familienhilfe (§ 31 SGB VIII). Des Weiteren ist sie zu unterscheiden von der Familienselbsthilfe und zum Grenzfall wird sie bei der Unterstützung junger Mütter in Mutter-Kind-Einrichtungen (vgl. TREDE 2008: 227).

Besonders wichtig erscheint die Unterscheidung der Eltern- und Familienarbeit gegenüber der Eltern- und Familienbildung. Eltern- und Familienbildung umfasst „[...] alle Maßnahmen zur pädagogischen Qualifizierung von Laien, die Kinder erziehen" (HIELSCHER 1991: 74). In der Vergangenheit wurde Eltern- und Familienbildung und Eltern- und Familienarbeit häufig gleichgesetzt. Doch aufgrund des fachlichen Wandels der Eltern- und Familienarbeit sind die beiden Bereiche heute strikt gegeneinander abzugrenzen. „Während vor allem in früheren Jahren der Anspruch bestand, Wissen an die Eltern durch entsprechende Elternbildungsveranstaltungen zu vermitteln, hat sich der Schwerpunkt in der Elternarbeit verlagert auf eine Orientierung hin, die ihre Aufgabe eher in der konkreten Unterstützung der Eltern sieht" (CONEN 2002: 28). Es muss allerdings erwähnt werden, dass heute zahlreiche Jugendhilfeeinrichtungen niederschwellige Angebote der Eltern- und Familienbildung in ihre Eltern- und Familienarbeitsansätze integriert haben (vgl. Kap. 8.2.10).

Speziell das Arbeitsfeld Heimerziehung betreffend kursieren in der Literatur zwei verschiedene Definitionen von Eltern- und Familienarbeit: eine enge und eine weit gefasste.
Die eingrenzende Definition beschreibt Eltern- und Familienarbeit als „[...] jeden vom Heim geplanten und durchgeführten Kontakt mit der Herkunftsfamilie des Kindes. Dieser Kontakt folgt dabei einer am Einzelfall orientierten Zielsetzung und ist von den informellen Kontakten zwischen Heim und Eltern (gelegentliche Besuche im Heim, Briefe, Telefonate) deutlich abzugrenzen" (BÜTTNER, 1980, zit. n. CONEN 2002: 29). Demnach kann von Eltern- und Familienarbeit in der Heimerziehung nur dann gesprochen werden, wenn diese auf strengem methodischen Handeln[9] beruht. Die PLANUNGSGRUPPE PETRA führt dafür ein quantitatives Kriterium ein: „Von Elternarbeit im systematischen Sinne wollen wir sprechen, wenn mindestens viermal jährlich ein gezielter und vorbereiteter Kontakt mit den Eltern stattfindet, der zu einem gründlichen Gespräch genutzt wird" (PLANUNGSGRUPPE PETRA 1988: 77). Der Schwerpunkt einer solchen engen Definition liegt auf systematischem und geplantem Handeln und schließt sich beiläufig ergebende Kontakte zu den Herkunftsfamilien aus. Darüber hinaus werden keine Aussagen getroffen, wie die konkrete Zusammenarbeit mit den Familienmitgliedern aussehen soll (vgl. HOFER 2007: 136).
Im Gegensatz dazu existiert eine recht weit gefasste Bestimmung von Eltern- und Familienarbeit in der Heimerziehung. Unter Eltern- und Familienarbeit verstanden werden dabei „[...] alle Kontakte zwischen Eltern, Erziehungsberechtigten, der Einrichtung und den Kindern, die

---

9 „Methodisch zu handeln bedeutet, die spezifischen Aufgaben und Probleme der Sozialen Arbeit strukturiert *und* kontextbezogen, kriteriengeleitet *und* eklektisch, zielorientiert *und* offen zu bearbeiten. Hierbei sollte man sich an Charakteristika des beruflichen Handlungsfeldes sowie am wissenschaftlichen Vorgehen orientieren. Der Begriff beschreibt eine besondere Art und Weise der Analyse, der Planung und der Auswertung des beruflichen Handelns, die sich vom Alltagshandeln unterscheidet. Professionelle müssen ihre Situations- und Problemanalysen, die Entwicklung von Zielen und die Planung ihrer Interventionen verständigungsorientiert, multiperspektivisch und revidierbar gestalten. Es wird von ihnen erwartet, dass sie ihre Handlungen transparent und intersubjektiv überprüfbar halten, und dass sie diese berufsethisch rechtfertigen, unter Zuhilfenahme wissenschaftlicher und erfahrungsbezogener Wissensbestände begründen und hinsichtlich ihrer Wirksamkeit bilanzieren können" (VON SPIEGEL 2004: 9).

sich entweder informell oder planmäßig ergeben und deren verbindendes Element ist, in Bezug auf den Hilfe- und Erziehungsprozeß [sic] eine gemeinsame Vertrauensbasis und entsprechende Unterstützung, in manchen Fällen auch eine Mitarbeit der Eltern sicherzustellen und so einen für alle Beteiligten gelungenen Hilfeverlauf zu ermöglichen" (HAMBERGER 2002: 218). In dieser Definition stehen informelle (spontane und zufällige) und geplante (intentionale und zielgerichtete) Kontakte gleichberechtigt nebeneinander.[10] Den informellen Kontakten kommt in der Zusammenarbeit mit Herkunftsfamilien eine Schlüsselfunktion zu – sie bilden die Grundlage für die Vertrauensbildung zwischen den Beteiligten (vgl. DREES 1998: 81). In Zusammenhang mit der offenen Definition von Eltern- und Familienarbeit besteht allerdings eine Gefahr: „Bei dieser weitgefassten [sic] Beschreibung ist es natürlich eine besondere Herausforderung, Elternarbeit zu einem gezielten und planbaren Prozess zu machen, da sie dazu einlädt, jeden Kontakt mit der Herkunftsfamilie als Elternarbeit zu deklarieren, was für die Mitarbeiter oftmals eine Überforderung darstellt, da ihnen der ‚rote Faden' in ihrer Arbeit fehlt" (HOFER 2007: 136 f.).
Der Verfasser der vorliegenden Arbeit bezieht sich in seinen Ausführungen auf die weitreichende Definition von Eltern- und Familienarbeit. Unter Eltern- und Familienarbeit wird die Kommunikation zwischen pädagogischen Fachkräften, der Herkunftsfamilie und den jungen Menschen verstanden, die sich formell und informell ergibt. In diesem Kontext wird die wichtige Funktion der informellen Kontakte (z. B. Tür- und Angelgespräche beim Abholen und Bringen des Kindes, Telefonate, Kurzmitteilungen) anerkannt. Wann immer möglich sollten Kontakte jedoch konkret vorbereitet und geplant werden, um eine Systematik in der Eltern- und Familienarbeit zu gewährleisten.[11]

Daneben lassen sich innerhalb der Heimerziehung zwei verschiedene Arbeitsansätze von Eltern- und Familienarbeit unterscheiden: der pädagogische und der therapeutische (familientherapeutische) Ansatz (vgl. NEUMEYER 1996: 127 ff.).
Die pädagogische Eltern- und Familienarbeit stellt eine konkrete, strukturierende Hilfe für die Familie dar (z. B. in den alltäglichen Lebens-

---

10 Die informellen Kontakte werden auch als implizit bezeichnet; die geplanten Kontakte dem demgegenüber als explizit (vgl. HOMFELDT & KREID 2007: 187).

11 Vor dem Hintergrund der vielfältigen Erscheinungsformen stationärer Erziehungshilfe (vgl. Kap. 4.1) erweist sich die Verwendung der offenen Fassung des Begriffes „Eltern- und Familienarbeit" als günstig (vgl. HOFER 2007: 137).

bereichen Erziehung, Haushaltsplanung, Schule, Partnerschaft etc.). Sie versteht sich als aktive Beratung und Unterstützung bei der Bewältigung konkreter Probleme und ist mehr am „Tun" als am „Reden" orientiert (vgl. CONEN 2002: 46 f.). Die Verantwortung für die Durchführung der Eltern- und Familienarbeit liegt in den Händen der pädagogischen Mitarbeiter (vgl. Kap. 9.1).

Einige Einrichtungen der stationären Erziehungshilfe haben ihr Angebot der Eltern- und Familienarbeit auf eine therapeutische Arbeit mit der Familie ausgedehnt. So wird in mehreren Publikationen auf eine Einzeltherapie mit dem Kind oder Familientherapie mit dem gesamten Familiensystem eingegangen (vgl. BRÖNNEKE 1992: 23 ff.; TAUBE & VIERZIGMANN 2000: 7 ff.; CONEN 2002: 58 ff.). Die familientherapeutische Elternarbeit ist in der deutschen Heimerziehung noch relativ selten, obwohl die Erfolge von therapeutischer Eltern- und Familienarbeit nicht zu leugnen sind (vgl. CONEN 2002: 46; TAUBE & VIERZIGMANN 2000: 6 ff.). „Dennoch ist die familientherapeutische Arbeit in Heimen eher selten anzutreffen, es müssten die notwendigen Rahmenbedingungen, vor allem ein entsprechend qualifiziertes Personal vorhanden sein und es erscheint fraglich, ob diese Form der Elternarbeit alle betroffenen Familien erreichen und zu positiven Veränderungen beitragen kann" (GÜNDER 2007b: 262 f.). Legt sich eine Einrichtung auf vertiefende, therapeutische Arbeit in ihrer Konzeption fest, ist eine fundierte, therapeutische Ausbildung oder Zusatzqualifikation der Mitarbeiter unabdingbar. Der therapeutische Ansatz in der Eltern- und Familienarbeit „[...] beruht immer auf einem methodischem [sic] Konzept im Sinne einer speziellen therapeutischen Strategie und setzt daher auch eine zusätzliche fachlich-methodische Kompetenz der dafür verantwortlichen Mitarbeiter voraus" (DREES 1998: 79). Die Art der Durchführung kann dabei variieren. In einigen stationären Erziehungshilfeeinrichtungen wird dies über gruppenübergreifend tätige Mitarbeiter realisiert (z. B. Psychologen, Familientherapeuten etc.). In der vorliegenden Arbeit soll nicht auf die familientherapeutische Eltern- und Familienarbeit eingegangen werden. Sie wird an dieser Stelle nur der Vollständigkeit halber erwähnt.

In Verbindung mit der pädagogischen Eltern- und Familienarbeit ist in letzter Zeit ein Zuwachs an systemischen Theorie- und Handlungskonzepten zu verzeichnen.[12] Die Vorteile des systemischen Denkens in

---

12   „Nach der systemischen Sichtweise ist kein Problem nur individuell bedingt, sondern hat oft eine Ursache und Folge im Familien- und Beziehungszusammenhang. Entsprechend erklärt man sich Probleme nicht linear durch eine logische ‚Ursache-Wirkungs-Folge'. Sondern man sieht diese eher durch defizitäre Kommunikation zwischen verschiedenen Partnern zirku-

der Heimerziehung bezüglich der Gestaltung einer qualifizierten Eltern- und Familienarbeit liegen in der starken Ressourcen-[13] und Lösungsorientierung[14]. Pädagogische Eltern- und Familienarbeit ist daher gut beraten, wenn sie sich an systemischen Konzepten orientiert. Die systemisch ausgerichtete Eltern- und Familienarbeit kann als Zwischenform der beiden oben genannten Ansätze verstanden werden. Sie ist zwar pädagogisch ausgerichtet, aber mit therapeutischen Elementen versetzt. Als Konsequenz der zunehmenden Popularität systemischer Konzepte wird nun auch vermehrt von dem Begriff „Familienarbeit" gesprochen. Familienarbeit „[...] bezieht [...] neben den Eltern auch die im Heim befindlichen Kinder sowie deren zu Hause lebenden Geschwister und andere wichtige Mitglieder der Familie mit ein. Familienarbeit versammelt in diesem Sinne die Familie real – erst dadurch werden Familienstrukturen, Rollenverteilungen, Konflikte und Probleme wirklich sichtbar und veränderbar" (TAUBE 2000: 21).

---

lär begründet. Das Tun des einen bewirkt das Tun des anderen" (BELARDI 2008: 155 f.). Eine ausführliche Auseinandersetzung mit der Systemtheorie respektive systemische Ansätzen erfolgt in Kapitel 6.2.1.

13   „*Ressourcenorientierung* ist sowohl in der Systemtherapie als auch in der Sozialen Arbeit eine essenzielle Bestimmung. Unter Ressourcen verstehen wir psychische, materielle und sozialkommunikative Quellen, auf die bei einer erfolgreichen Bewältigung von Handlungsanforderungen zurückgegriffen werden kann. Die zugrundeliegende Idee spricht allen Menschen die Fähigkeit zu, ihren Alltag mittels *Coping*-Strategien (Bewältigungsstrategien) selbst zu bewältigen, wenn entsprechende Ressourcen vorhanden sind bzw. gefunden werden können" (RITSCHER 2002: 174).

14   „*Lösungsorientierung* heißt nicht die Bearbeitung von Problemen, sondern das gemeinsame Herausfinden eines möglichen Lösungsweges, den Familien zukünftig alleine beschreiten können und der ihren Möglichkeiten entspricht" (HOFER 2007: 140).

3 Entstehungsgeschichte der Eltern- und Familienarbeit in der Heimerziehung

Die Heimerziehung stellt ein originäres Arbeitsfeld der Sozialen Arbeit dar, dessen Wurzeln auf das Waisen- und Findelkinderwesen des Mittelalters zurückgehen. Im Zeitraum von 1200-1500 n. Chr. begann man im europäischen Raum mit der öffentlich organisierten Versorgung und Betreuung von familienlosen Kindern (vgl. KUHLMANN & SCHRAPPER 2001: 284). Anlass für die Unterbringung eines Kindes in einer Einrichtung (z. B. Findelhaus, Klosterschule, Hospital oder Armenhaus) war in dieser Epoche in der Regel, dass seine Herkunftseltern verstorben oder nicht auffindbar waren. Bei dieser anstaltsmäßigen Form der Unterbringung von jungen Menschen spielte Erziehung kaum eine Rolle; „[...] es ging vor allem darum, diese Kinder am Leben zu erhalten und sie zu Arbeitsamkeit, Gottesfurcht und Demut hinzuführen" (GÜNDER 2007b: 15). Durch das Fehlen von familiären Bezugspersonen war Eltern- und Familienarbeit kein Aspekt „sozialpädagogischen" Handelns der öffentlichen Fürsorgepersonen.

Im 18./19. Jahrhundert nahmen sich dann Pädagogen wie PESTALOZZI und WICHERN nicht nur den Waisen, sondern erstmals auch verwahrlosten Kindern und Jugendlichen aus armen Familien an. Sie gingen davon aus, dass es der Auftrag der öffentlichen Erziehung sei, den jungen Menschen aus desolaten familiären Verhältnissen einen Familienersatz anzubieten. Daraus folgte, dass sich die Pädagogen auch mit den Herkunftseltern der jungen Menschen auseinandersetzen mussten. Während für PESTALOZZI die Herkunftseltern einen Störfaktor seiner pädagogischen Bemühungen darstellten, erkannte WICHERN bereits in Ansätzen die Bedeutung der Ursprungsfamilie für die Kinder und Jugendlichen (vgl. SCHRAPPER 2004: 184 ff.). Die Bemühungen PESTALOZZIS, den Kindern eine bessere Familie als ihre eigentliche anzubieten, führte zu erheblichen Spannungen zwischen ihm und den Herkunftseltern. Dieses konfliktreiche Verhältnis schildert PESTALOZZI eindrücklich im „Stanser Brief". „Der Sonntag war mir über diesen Zeitpunkt ein schrecklicher Tag. Da kamen solche Mütter, Väter, Bruder, Schwester, zu ganzen Haufen, zogen meine Kinder auf der Straße und in dem Haus in alle Winkel, redeten meistens mit nassen Augen mit ihnen; dann weinten meine Kinder auch und wurden heimwehig" (PESTALOZZI 1998: 50). PESTALOZZIS Formulierung „meine Kinder" lässt auf eine starke Übernahme der elterlichen Rolle durch den öffentlichen Erzieher schließen, welche zwangsläufig die Ausgrenzung der Eltern zur Folge hatte.

Fast 40 Jahre später kam WICHERN zu folgendem Schluss: „Je länger ich in unserer Arbeit Erfahrung mache, desto entschiedener werde ich in der Überzeugung, daß [sic] das Gegenteil das heilsame [sic] und richtige [sic] ist, daß [sic] die Eltern und Kinder sich im Rettungshause zu jeder beliebigen Zeit müssen sehen, daß [sic] die Kinder recht häufig ihre Angehörigen zu besuchen haben unter ihnen wieder anfangen müssen, aufzuleben" (WICHERN, o.J., zit. n. BUSCH 1957: 79 f.). WICHERNS Sichtweise auf die hohe Bedeutung der Eltern-Kind-Beziehung, die auch im Rahmen der institutionalisierten Fremdunterbringung fortbesteht, kann als Geburtstunde der Idee von einer Eltern- und Familienarbeit angesehen werden (vgl. DREES 1998: 8).

Sowohl PESTALOZZI als auch WICHERN gelten als Vordenker der modernen Sozialpädagogik, da sie mit ihrem Gedankengut das Arbeitsfeld Heimerziehung nachdrücklich prägten. Unter WICHERN entstand der Vorläufer heutiger Eltern- und Familienarbeit in der Heimerziehung – in Form von Informationsaustausch und Besuchskontakten zwischen Eltern, Kind und Erziehungseinrichtung. Die Einbeziehung der Eltern fremduntergebrachter Minderjähriger ist demzufolge keine „Erfindung" des 20. Jahrhunderts, sondern ist im 19. Jahrhundert verwurzelt.

In den nächsten 120 Jahren fanden die pädagogischen Ideen von PESTALOZZI und WICHERN kaum Niederschlag in der Praxis der öffentlichen Erziehung junger Menschen. Bis auf ein paar vereinzelte fortschrittlich denkende Pädagogen spielte die Zusammenarbeit mit den Herkunftsfamilien für das Gros der Institutionen keine Rolle (vgl. SCHRAPPER 2004: 189 ff.).[15] Erst zu Beginn der zweiten Hälfte des 20. Jahrhunderts wurde die Idee der Zusammenarbeit mit den Eltern fremduntergebrachter Kinder und Jugendlicher wieder aufgegriffen.[16] CONEN weist daraufhin, dass ab 1949 die Zusammenarbeit mit Herkunftsfamilien im Kontext von stationären Fremdunterbringungen verstärkt in Fachkreisen diskutiert und erörtert wurde, was auch das Erscheinen vereinzelter Fachpublikationen nach sich zog. In den folgenden Dekaden wurden dem Gegenstand Eltern- und Familienarbeit allerdings recht unterschiedliche Stellenwerte eingeräumt (vgl. CO-

---

15 Der Zeitraum von 1850-1950 stellt innerhalb der Geschichte des Arbeitsfeldes einen interessanten und nicht zu vernachlässigenden Abschnitt dar. Aus Sicht der Eltern- und Familienarbeit kam es jedoch zu keinen nennenswerten Weiterentwicklungen.

16 Die folgenden Betrachtungen beziehen sich auf die alte Bundesrepublik. Die Heimerziehung in der DDR soll hier unbeachtet bleiben.

NEN 1990: 246). Dies soll anhand des folgenden Streifzuges durch die einzelnen Jahrzehnte nachgezeichnet werden.[17]
In der Nachkriegszeit (1945-1950) stand durch Nationalsozialismus und Wirren des 2. Weltkrieges die stark angeschlagene öffentliche Erziehung vor der Aufgabe, die Fürsorge und Erziehung einer großen Schar von verwaisten und geflüchteten Minderjährigen sicherzustellen. „Diesen Kindern und Jugendlichen die verlorene Heimat und die Familie zu ersetzen, war vorrangiges Ziel" (VERB. KATH. EINRICHTUNGEN 1989: 7). Im Zuge dessen wurden zunehmend familienersetzende Kinderdörfer aufgebaut (in der Schweiz durch ROBERT CORTI, in Tirol durch HERMANN GMEINER und im Odenwald durch den Pfarrer HEINRICH MAGNANI). Diese strukturelle Veränderung stellte eine fachliche Neuerung im Gegensatz zur traditionellen Anstaltserziehung dar (vgl. VERB. KATH. EINRICHTUNGEN 1989: 7; vgl. KUHLMANN & SCHRAPPER 2001: 299). Diese Formen der Fremderziehung waren geprägt durch eine starke Familienersatzfunktion. Da keine Eltern und weitere Familienangehörige vorhanden waren, spielte die Zusammenarbeit mit den familiären Bezugspersonen keine Rolle. Es kann jedoch vermutet werden, dass damals engagierte, mit der Fürsorge beauftragte Personen bereits die jungen Menschen bei der Suche nach ihrer Herkunftsfamilie unterstützten.
In den 1950ern bemühte sich u.a. der Sozialpädagoge ANDREAS MEHRINGER um eine Umgestaltung der vorherrschenden öffentlichen Fremderziehung. Er entwarf eine familienorientierte Heimerziehung, worunter man zunächst die Orientierung am „Familienprinzip" verstand. MEHRINGER griff damit auf ein Postulat PESTALOZZIS zurück, wonach sich die öffentliche nach der privaten Erziehung auszurichten habe.[18] Dies bedeutete für die Einrichtungsstruktur:
- kleinere, überschaubare, altersgemischte, koedukative Gruppen mit maximal 12 Plätzen,

---

17   Bei der folgenden Betrachtung muss beachtet werden, dass neue Ansätze stets einen langen Weg zwischen Fachdiskussion und Umsetzung in der Praxis zu durchlaufen haben.

18   „Ich wollte durch meinen Versuch beweisen, daß [sic] die Vorzüge, die die häusliche Erziehung hat, von der öffentlichen müssen nachgeahmt werden und daß [sic] letztere nur durch die Nachahmung der ersteren für das Menschengeschlecht einen Wert hat" (PESTALOZZI 1998: 47). Es muss jedoch darauf hingewiesen werden, dass MEHRINGER nicht der erste Sozialpädagoge war, der „seine Heimerziehung" nach dem Familienprinzip organisierte. Ähnliche Bestrebungen gab es bereits im 19. Jahrhundert bei CHRISTIAN HEINRICH ZELLER, einem Vertreter der süddeutschen Rettungshausbewegung (vgl. SCHILLING 2005: 68).

- abgegrenzte Wohnbereiche für jede Gruppe,
- mehr (und vor allem engagiertes) Personal,
- Öffnung der Heime nach außen (vgl. VERB. KATH. EINRICHTUNGEN: 1989 7; vgl. KUHLMANN & SCHRAPPER 2001: 299).

Auch unter MEHRINGER war das Selbstverständnis der familienorientierten Heime noch immer durch Familienersatzfunktion geprägt, die den Herkunftseltern eine untergeordnete Rolle zudachte (vgl. KUHLMANN & SCHRAPPER 2001: 299).
In den 1960er Jahren kam es unter dem letzten Kabinett der Adenauer-Regierung zu rechtlichen Veränderungen im Jugendwohlfahrtsgesetz (JWG). „Einschneidende Neuerung der 61-JWG-Novelle [...] war eine Verstärkung der Elternrechte in dem neuen § 3 JWG, der die öffentliche Jugendhilfe verpflichtet, die begonnene Familienerziehung fortzusetzen und dabei die >>Grundrichtung der Erziehung<< zu beachten" (KUHLMANN & SCHRAPPER 2001: 300). Im 1. Jugendbericht der Bundesregierung aus dem Jahr 1963 wurde die Einbeziehung der Eltern in das Erziehungsgeschehen der Heime gefordert. Begründet wurde dies mit der zunehmenden Verwissenschaftlichung der Fremderziehung und den daraus resultierenden Verständnisproblemen für die Eltern. Zielsetzung war es, den Erziehungsprozess für die Eltern transparent und somit nachvollziehbar zu machen (vgl. FLOSDORF 2007: 32 f.). Die Auseinandersetzung mit der Eltern- und Familienarbeit im stationären Kontext verlief allerdings häufig nur auf der Appellebene und vernachlässigte deren methodische Umsetzung in die Praxis. „In diesen Veröffentlichungen sind eher Appelle und Ansprüche vorzufinden, daß [sic] die Eltern in die Arbeit einbezogen werden sollten. Jedoch finden sich bis auf wenige Ausnahmen kaum Darstellungen der konkreten Arbeit mit den Eltern, die auch die Probleme, die sich für die Heimmitarbeiter, Jugendamt, Kinder und Eltern daraus ergeben, benennen" (CONEN 1990: 246). Zur Heimerziehungspraxis bleibt zu vermerken, dass die Erkenntnisse und Forderungen nur unzureichend umgesetzt wurden. In Heimen tätiges Personal versuchte die Beziehung zu den Eltern so zu gestalten, dass sie den öffentlichen Erziehungsprozess so wenig wie möglich störten (vgl. CONEN 1990: 246). Die gesellschaftspolitischen Turbulenzen der ausgehenden 1960er in Westdeutschland machten auch vor dem Bereich der öffentlichen Erziehung nicht halt. Die durch kritische Fachleute und Studenten eingeleitete Heimkritik/Heimkampagne prangerte die Missstände der öffentlichen Erziehung an. Vor allem die Lebenslagen und -bedingungen von fremduntergebrachten jungen Menschen zogen mediales

Interesse und somit die Aufmerksamkeit der bundesrepublikanischen Bevölkerung auf sich. „Der ‚Generalvorwurf' lautet: Heimerziehung erfüllt restriktiv die herrschenden Aussonderungs- und Disziplinierungserwartungen; sie stellt sich nicht solidarisch auf die Seite benachteiligter Kinder und sorgt nicht für das gerade diesen Kindern zustehende Recht auf Förderung und Entwicklung ihrer Persönlichkeit" (THIESMEIER & SCHRAPPER 1989: 96). Mit diesen Ereignissen wurde ein 30 Jahre andauernder Reformprozess im gesamten System der öffentlichen Erziehung angeschoben.

In den 1970ern setzte sich ein neues Verständnis von abweichendem Verhalten Minderjähriger durch und beeinflusste die Sicht auf die Problemgenese im Kontext der familiären Verhältnisse. Damit ging auch eine Veränderung der pädagogischen Reaktionen und Interventionen einher (vgl. MOOS & SCHMUTZ 2006: 10). „Während man früher versucht hat, das schwierige und das vernachlässigte Kind seinen ‚versagenden' Eltern möglichst vollständig zu ‚entziehen' und dafür professionelle erzieherische Einflüsse geltend zu machen, ist nun die Einsicht gewachsen, dass die Schwierigkeiten des Kindes zu eng mit seiner Herkunftsfamilie zusammenhängen, als dass sie in einem individualpädagogischen Kraftakt zu lösen wären" (TAUBE & VIERZIGMANN 2000: 6). Im Zuge dessen begannen reformbeeinflussten Fachkräfte mit einer aktiven Eltern- und Familienarbeit in der Heimerziehungspraxis (vgl. THIESMEIER & SCHRAPPER 1989: 91). Die verstärkte Auseinandersetzung mit der Thematik Eltern- und Familienarbeit zog eine neue Welle von Fachveröffentlichungen nach sich. Im Gegensatz zu den Publikationen der 1960er wurde nun eine Wandlung deutlich. „Eine umfangreiche Darstellung konkreter Erfahrungen in der Elternarbeit beginnt erst Ende der 70ziger Jahre, hier ist auch ein Wechsel zu beobachten, von den mehr anspruchsorientierten Vorstellungen an eine Arbeit mit den Eltern (und dem starken Auseinanderklaffen mit der Praxis) formulierenden Aufsätzen hin zu Diskussionsbeiträgen [...], die zunehmend auch praktische Erfahrungen oder Probleme aufzeigen. Insbesondere werden nun mehr differenzierte Sichtweisen der Beziehungen zwischen untergebrachtem Kind und Eltern, Eltern und Heimmitarbeitern, Heim und Jugendämtern vorgenommen" (CONEN 1990: 246). Die methodische Umsetzung von Eltern- und Familienarbeit in Heimen umfasste zunächst meist spezielle Situationen (Heimaufnahme des jungen Menschen, Kontaktpflege während des Heimaufenthalts und Entlassung aus der Einrichtung). Dabei lag der Schwerpunkt auf der Wissensvermittlung und Beratung der Familien (vgl. CONEN 1990: 246; FLOSDORF 2007: 40; GÜNDER 2007a: 78).

In den 1980ern nahm die Verbreitung der Eltern- und Familienarbeit im Bereich der Heimpädagogik mehr und mehr zu und wurde von einem breiteren Kreis von Praktikern aufgenommen (vgl. TAUBE & VIERZIGMANN 2000: 6). Das Methodenspektrum der Eltern- und Familienarbeit in der stationären Erziehungshilfe wurde erweitert und der Ruf nach einer systematischen Eltern- und Familienarbeit wurde laut (vgl. PLANUNGSGRUPPE PETRA 1988: 76 FF.; CONEN 1990: 246). Der Begriff „Familienorientierung" war weiterhin ein Schlagwort in den Fachpublikationen zur Heimerziehung. Wurde dieser unter MEHRINGER noch als Organisationsprinzip von Heimerziehung verstanden, so wurde er in der Fachdiskussion Ende der 1980er erweitert und zwar in Hinblick auf die Arbeit mit der konkreten Familie des im Heim fremduntergebrachten jungen Menschen (vgl. VERB. KATH. EINRICHTUNGEN 1989: 7). CONEN konstatierte bereits zu Ende der 1980er Jahre ein zunehmendes Interesse an familiensystemischem Denken im Bereich der Heimerziehung (vgl. CONEN 1987: 24). Damit ging eine veränderte Sichtweise auf die Herkunftseltern einher. „Wurden Eltern bisher als ‚überfordert', ‚unfähig' oder das Kindeswohl ‚gefährdend' etikettiert und ihre Mitarbeit als störend empfunden, um sie so nach Möglichkeit aus dem Heimalltag auszuschließen, setzte sich nun verstärkt das Bestreben durch, Probleme dort zu bearbeiten, wo sie entstehen" (MOOS & SCHMUTZ 2006: 13). Die Heimerziehung verlor zunehmend ihre familienersetzende Funktion und wurde zu einem familienergänzenden und –unterstützenden Angebot der Kinder- und Jugendhilfe.[19]

Die seit den ausgehenden 1960er Jahren anhaltenden Entwicklungen im Bereich der Jugendhilfe fanden schließlich ihren Niederschlag im Achten Buch Sozialgesetzbuch (SGB VIII). Jenes hat seit 1991 im gesamten Bundesgebiet Gültigkeit. Es handelt sich dabei um ein modernes Sozialleistungsgesetz. Seine Philosophie zielt auf die Stützung und Stärkung der Eltern ab (vgl. § 1 SGB VIII). Damit unterscheidet sich das SGB VIII stark von seinem Vorläufer dem JWG. Hatte das JWG noch einen stark eingriffsorientierten-disziplinierenden Charakter, weist das SGB VIII fachlich eine sozialpädagogische Ausrichtung auf und trägt rechtlich den Charakter sozialer Dienstleistungen. Die Bürgerinnen und Bürger haben nun Rechtsansprüche auf Jugendhilfeleistungen z. B. Hilfen zur Erziehung gemäß dem § 27 SGB VIII. Die Einführung

---

19   Der Begriff Familienersatz wird heute in der Fachdiskussion nicht mehr als angemessen betrachtet. Viele Forschungsbefunde weisen daraufhin, dass die familiären Bindungen nicht ersetzt werden können (vgl. TREDE 2006: 26).

des neuen Gesetzes steht am Ende eines andauernden Wandlungsprozesses innerhalb der Jugendhilfe. „Aus Fürsorgeerziehung wurde nun ein modernes, ausdifferenziertes Angebot an Hilfen zur Erziehung, aus einer obrigkeitsstaatlichen Interventionsideologie ein dienstleistungsorientiertes Leistungsgesetz" (RAUSCHENBACH 2007: 14). Im SGB VIII wurde die Eltern- und Familienarbeit durch den § 37 SGB VIII zur Pflichtaufgabe normiert. Eine Zielsetzung von Heimerziehung ist es, die Rückkehr des jungen Menschen in die Herkunftsfamilie anzustreben. Dies kann nur geschehen, wenn eine intensive Eltern- und Familienarbeit von der stationären Erziehungshilfeeinrichtung geleistet wird. Doch auch wenn keine Rückführungsabsichten in den elterlichen Haushalt bestehen, ist Eltern- und Familienarbeit gefordert. Die Anerkennung der Bedeutung der Herkunftsfamilie und ihre Einbeziehung in die pädagogische Arbeit des Heimes stellt einen Paradigmenwechsel in der öffentlichen Erziehung dar.

Wie ersichtlich wurde, ist die Entstehungsgeschichte der Eltern- und Familienarbeit nicht losgelöst von der Geschichte des Arbeitsfeldes Heimerziehung darzustellen. Im zurückliegenden Kapitel sollten wichtige Eckpunkte der Herausbildung von Eltern- und Familienarbeit im Zusammenhang mit Weiterentwicklungen innerhalb der Heimerziehung dargestellt werden. Deutlich wurde dabei vor allem, dass es einen langen Weg zwischen fachwissenschaftlichen Erkenntnissen und ihrer Umsetzung in die sozialpädagogische Praxis braucht. Die Theorie eilt der Praxis in diesem Fall deutlich voraus. Wenngleich das 20. Jahrhundert an dieser Stelle vorerst ein Ende der Entstehungsgeschichte der Eltern- und Familienarbeit markiert, so ist ihre Weiterentwicklung auch in Zukunft nicht abgeschlossen und muss weiter voranschreiten.

4 Heimerziehung heute – Charakteristik eines bedeutenden Arbeitsfeldes

Für eine intensive Auseinandersetzung mit dem Thema Eltern- und Familienarbeit in der Heimerziehung soll zunächst das Arbeitsfeld der stationären Erziehungshilfe charakterisiert werden.

4.1 Definition, Zielsetzung, Charakteristik

Im zweiten Kapitel des SGB VIII sind die „Leistungen der Jugendhilfe" zu finden. Unter dem vierten Abschnitt sind unter anderem die Hilfen zur Erziehung verortet (§§ 27-35 SGB VIII). Der § 27 SGB VIII gibt die Grundnorm für den Rechtsanspruch auf Hilfen zur Erziehung vor. Eltern (bzw. die Personensorgeberechtigten) haben demnach einen Rechtsanspruch auf Hilfe und Unterstützung, wenn „[...] eine dem Wohl des Kindes oder des Jugendlichen entsprechende Erziehung nicht gewährleistet ist und die Hilfe für seine Entwicklung geeignet und notwendig ist" (§ 27 Abs. 1 SGB VIII).

Die folgenden Paragrafen §§ 28-35 SGB VIII stellen im Anschluss daran einen Katalog an sozialpädagogischen Hilfeformen dar. Diese werden als Erziehungshilfen bezeichnet. Dabei „[...] handelt es sich um recht unterschiedliche pädagogische Settings, in denen unterschiedliche Professionen mit unterschiedlichen Methoden in unterschiedlicher Intensität und Verbindlichkeit Hilfen für Kinder, Jugendliche, ihre Eltern und/oder die gesamte Familie leisten" (TREDE 2006: 18).

Heimerziehung als stationäre Erziehungshilfe stellt heute neben den ambulanten und teilstationären Hilfen zur Erziehung nach wie vor eine wichtige Größe in der Angebotspalette des SGB VIII dar. „Heimerziehung als *ein* Angebot im Katalog der erzieherischen Hilfen hat dabei vor allem zur Aufgabe, für Kinder und Jugendliche, die aufgrund sozialer, gesellschaftlicher und individueller Belastungen in ihren Familien benachteiligt oder nicht ausreichend in ihrer Entwicklung gefördert sind, einen alternativen Lebensort zur Verfügung zu stellen" (HAMBERGER 2002: 200). Heimunterbringung erfolgt meistens auf Wunsch der Familien – also freiwillig. Die Eltern verfügen damit weiterhin über das Personensorgerecht und bleiben die wichtigsten Bezugspersonen der jungen Menschen. Nur wenige Kinder sind zum Schutze des Kindeswohles gegen den Willen ihrer Eltern untergebracht.[20]

---

20 Im Rahmen des § 1666 BGB (Kindeswohlgefährdung) kann ein Familiengericht auf Initiative des Jugendamtes die Unterbringung in einer Einrichtung der stationären Erziehungshilfe (oder eine andere Hilfeform gemäß §

Die Rahmenbedingungen für die Heimerziehung sind in § 34 SGB VIII festgeschrieben.

> **§ 34 SGB VIII Heimerziehung, sonstige betreute Wohnform**
>
> Hilfe zur Erziehung in einer Einrichtung über Tag und Nacht (Heimerziehung) oder in einer sonstigen betreuten Wohnform soll Kinder und Jugendliche durch eine Verbindung von Alltagserleben mit pädagogischen und therapeutischen Angeboten in ihrer Entwicklung fördern. Sie soll entsprechend dem Alter und Entwicklungsstand des Kindes oder des Jugendlichen sowie den Möglichkeiten der Verbesserung der Erziehungsbedingungen in der Herkunftsfamilie
>
> 1. eine Rückkehr in die Familie zu erreichen versuchen oder
> 2. die Erziehung in einer anderen Familie vorbereiten oder
> 3. eine auf längere Zeit angelegte Lebensform bieten und auf ein selbständiges Leben vorbereiten.
>
> Jugendliche sollen in Fragen der Ausbildung und Beschäftigung sowie der allgemeinen Lebensführung beraten und unterstützt werden.

Bereits in der Formulierung des Gesetzestextes spiegelt sich die Vielzahl der Lebensorte wider, in denen Kinder und Jugendliche in der heutigen Zeit stationär untergebracht sein können. So lässt sich heute nicht von „der Heimerziehung" sprechen – aufgrund der vielfältigen Betreuungsformen und Konzepte (Kinderheime, heilpädagogisch oder therapeutisch arbeitende Einrichtungen, Außenwohngruppen, sozialpädagogische Wohngruppen, Betreutes Wohnen für Jugendliche etc.)[21]

---

27 ff. SGB VIII) gegen den Willen der Personensorgeberechtigten (i.d.R. die Eltern) anordnen. Dies geschieht aber nur bei massiver Kindeswohlgefährdung. Außerdem liegt meist Gefahr in Verzug vor, bzw. die Personensorgeberechtigten sind nicht in der Lage oder gewillt die Hilfeangebote des Jugendamtes zu akzeptieren. In einzelnen Fällen ist es auch möglich, dass Kinder und Jugendliche die Unterbringung in einem Heim oder in einer betreuten Wohngruppe selbst initiieren (Selbstmelder). Die rechtliche Grundlage dafür bietet § 42 SGB VIII (Inobhutnahme von Kindern und Jugendlichen).

21   Am Beispiel des freien Jugendhilfeträgers Kinderarche Sachsen e.V. soll die Vielfalt der möglichen Lebensorte junger Menschen nach § 34 SGB VIII genannt werden. So bietet der Jugendhilfeträger an: Sozialpädagogische

scheint der Begriff der „Heimerziehungen" (stationäre Erziehungshilfe) eher zutreffend (vgl. TREDE 2006: 24). „Von der ‚Heimerziehung' oder einem einheitlichen Konzept von stationären Erziehungshilfen zu reden ist heute nicht mehr so einfach möglich. Viel zu breit gefächert ist die Palette an Möglichkeiten der Ausgestaltung von Fremdplatzierungen und der unterschiedlichen Betreuungskonzepte, die sich hinter diesem Kürzel verbergen" (HAMBERGER 2002: 200).
Aus § 34 SGB VIII gehen auch die Zielsetzungen der Heimerziehung hervor. „Ziel der Heimerziehung kann (in dieser Reihenfolge) die Rückkehr in die Ursprungsfamilie, die Vorbereitung auf die Erziehung in einer anderen Familie (meist wird das eine Pflegefamilie sein) oder auch die Verselbständigung des Jugendlichen in einer auf längere Zeit angelegten Wohnform sein. Elternarbeit gilt in allen Zielsetzungen als wichtiger, während der Heimerziehung zu leistender Arbeitsbereich" (CHASSÉ 2004: 181).

Da das Ziel der Heimerziehung insbesondere die Wiederherstellung der Erziehungsfähigkeit der Eltern und die Wahrnehmung ihrer Rechte und Pflichten ist, so dass Kinder zeitnah zu ihren Herkunftsfamilien zurückkehren können, muss die intensive Zusammenarbeit mit den Eltern und Familien in einer gelingenden Heimerziehungspraxis konstitutives Element sein. Ist die Rückführung aus verschiedenen Gründen nicht möglich, so sollen andere Perspektiven entwickelt werden, wie die Erziehung in einer anderen Familie oder ein auf längere Zeit angelegter Heimaufenthalt, an dessen Ende die Verselbständigung des jungen Menschen steht. Auch unter diesem Aspekt spielt Eltern- und Familienarbeit eine wichtige Rolle.

Die öffentliche Vorstellung von Heimerziehung ist in den meisten Köpfen der Bevölkerung noch immer negativ gefärbt und wird dem heutigen, gewandelten Gesicht dieser Hilfeform nicht gerecht (vgl. GÜNDER 2007b: 14 f.). Es scheint, als bliebe die strukturelle Umgestaltung der letzten Jahrzehnte außerhalb von Fachkreisen unbemerkt. Nicht mehr die kasernenähnliche Anstaltserziehung, sondern eine alltags- und lebensweltorientierte, dezentralisierte, milieunahe Wohnform steht heute für den Begriff der institutionellen Fremdunterbringung.[22] Trotz

---

Wohngruppen, heilpädagogisch-therapeutische Wohngruppen, betreutes Wohnen für Jugendliche, Wohnformen für Mütter/Väter und deren Kinder und geschlechtsspezifische Wohngruppe (vgl. KINDERARCHE SACHSEN e.V. 2007: 18 f.).

22 Auf die Grundstandards der modernen Heimerziehung wird in Kapitel 4.2 näher eingegangen.

allem aber stellt die Fremdunterbringung von Kindern und Jugendlichen immer ein kritisches Lebensereignis und einen starken Eingriff in die Privatsphäre einer Familie dar. Die Erziehung in stationären Einrichtungen der Hilfen zur Erziehung soll dabei nicht den Charakter einer „Endstation" tragen, sondern sie ist als ein spezielles, episodenartiges, pädagogisches Setting zu verstehen, was sich am Hilfebedarf des Einzelfalls orientiert und hierarchisch mit anderen Erziehungshilfen gleichgestellt ist. Die Vorstellung der Heimerziehung als letzte Instanz, als Auffangbecken für gescheiterte ambulante Hilfeformen, wenn alles andere versagt hat, ist damit hinfällig geworden (vgl. HOFER 2007: 140; CONEN 1993: 46; TAUBE 2000: 19).

Moderne Heimerziehung trägt besonders zwei Merkmale: es werden konkrete, überprüfbare Ziele ausgehandelt (Hilfeplanprozess gemäß § 36 SGB VIII) und sie ist zeitlich befristet. „So signalisiert die zeitliche Befristung der Familie, dass Veränderungen für möglich gehalten werden, und es der Familie in einem überschaubaren Zeitraum zugetraut wird, wieder ohne Leistungen der Jugendhilfe leben zu können. Zugleich wird mit dieser Verknüpfung von zeitlicher Befristung, konkreter Zieldefinition und spezifischen Zielerreichungskriterien für die Eltern und jungen Menschen transparent, an welche Bedingungen die Beendigung der Maßnahme geknüpft ist und allen Beteiligten wird eine eigene Einschätzung von Entwicklungen und Veränderungen im Hilfeverlauf ermöglicht" (MOOS & SCHMUTZ 2006: 60). Seit den 1990ern steht die Heimerziehung neuen Herausforderungen gegenüber (vgl. MOOS & SCHMUTZ 2006: 25). Da Heimerziehung die teuerste Erziehungshilfe ist, steht sie in Zeiten der Finanzkrise öffentlicher Haushalte unter besonderem Legitimationsdruck. So wurden beispielsweise im Vogtlandkreis im Jahr 2006 *6.783.619, 56 €* für Hilfen zur Erziehung nach §§ 27 ff. SGB VIII aufgewendet. Allein auf die stationäre Erziehungshilfe nach § 34 SGB VIII entfallen davon *3.432.932,96 €*. Mit einem Anteil von ca. einem Drittel an der Zahl der Gesamtfälle der Erziehungshilfen nimmt die Heimerziehung über die Hälfte der Gesamtausgaben für Hilfen zur Erziehung ein. „Heimerziehung ist vor diesem Hintergrund herausgefordert sowohl die Notwendigkeit der Fremdunterbringung an sich als auch die Wirksamkeit und Nachhaltigkeit ihres Hilfeangebotes zu überprüfen und transparent zu machen. Es muss nachvollziehbar werden, dass Fachlichkeit, Wirksamkeit und Wirtschaftlichkeit in einem angemessenen Verhältnis zueinander ste-

---

23   Die Daten wurden erfragt beim Jugendamt des Vogtlandkreises. Sie können über die örtliche Jugendhilfeplanung angefordert werden. (http://www.vogtlandkreis.de/landratsamt.php?parent=49).

hen. [...] Den Legitimationsdruck von außen gilt es so nach innen als Anlass für Qualitätsentwicklungsprozess zu nutzen und zu gestalten – mit dem Ziel, möglichst bedarfsgerechte und für die einzelnen Familien, Eltern und jungen Menschen möglichst nachhaltig wirksame Hilfen zu gestalten" (MOOS & SCHMUTZ 2006: 26).

Vor dem Hintergrund gesellschaftlicher Modernisierungs- und Veränderungsprozesse begegnet die Heimerziehung immer komplexer werdenden Hilfebedarfen. „Anhaltend hohe Arbeitslosigkeit, wachsende Armut und gesellschaftliche Desintegrationsprozesse bei gleichzeitig wachsender Unübersichtlichkeit angesichts der Pluralisierung von Werthaltungen und komplexer Einbindung in Konsum- und Medienwelten lassen Eltern immer häufiger an die Grenzen ihrer Erziehungskompetenzen stoßen" (MOOS & SCHMUTZ 2006: 26 f.).

Heimerziehung muss bei der Ausgestaltung von Hilfe- und Unterstützungsangeboten auf diese Entwicklungen reagieren und sich hinsichtlich ihrer Konzepte entsprechend anpassen. Trotz den Bestrebungen, Heimerziehung durch die Implementierung ambulanter und teilstationärer Erziehungshilfen möglichst auszurangieren, ist sie entgegen den Erwartungen vieler Akteure aus Politik und Praxis der Kinder- und Jugendhilfe nicht zu einem Auslaufmodell geworden. „Anders als von vielen erwartet, haben sich die stationären Hilfen seit Inkrafttreten des KJHG [des SGB VIII; der Verfasser] faktisch nicht zu einem Auslaufmodell entwickelt, sondern sie erweisen sich als ein unverändert bedeutsames Element auch innerhalb einer insoweit modernisierten Kinder- und Jugendhilfe" (BÜRGER 2007: 45). Die stationäre Erziehungshilfe ist jedoch gut beraten, wenn sie sich bei der Ausgestaltung ihrer Hilfemaßnahmen Anleihen (z. B. systemisch-ressourcenorientierte Ansätze) aus den ambulanten Erziehungshilfen (z. B. Sozialpädagogische Familienhilfe) entnimmt (vgl. MOOS & SCHMUTZ 2006: 28).

4.2 Strukturmaximen moderner Heimerziehung

Im folgenden Abschnitt sollen die Strukturmaximen[24] bzw. Grundstandards moderner Kinder- und Jugendhilfe benannt und kurz erläutert werden. Sie wurden nach einem längeren Entwicklungsprozess Ende der 1980er Jahre im Achten Jugendbericht formuliert und fanden so Eingang in das neue Jugendhilferecht (SGB VIII). Die Strukturma-

---

24 Die genannten Strukturmaximen stehen in engem Zusammenhang mit dem Konzept „Lebensweltorientierung" von HANS THIERSCH (vgl. THIERSCH 2005: 28 ff.).

ximen sind Ergebnis des Reformprozesses innerhalb der öffentlichen Erziehung und stellen eine fachliche Neuorientierung in allen Arbeitsfeldern der Jugendhilfe dar. Diese Veränderungen lassen sich besonders im Arbeitsfeld der Heimerziehung verdeutlichen. Hier soll vorwiegend auf diejenigen Entwicklungen eingegangen werden, die zur Einbeziehung der Eltern und Familien fremduntergebrachter junger Menschen in den Hilfeprozess geführt haben.

4.2.1 Dezentralisierung

Ein Grundprinzip moderner Heimerziehung ist die Dezentralisierung. Darunter versteht man im Wesentlichen eine Strukturveränderung, die sich sowohl im Äußeren (vgl. Regionalisierung Kap. 4.2.2) als auch im Inneren des Arbeitsfeldes Heimerziehung (Reduzierung hierarchischer Strukturen) vollzieht. Dezentralisierung intendiert die Schaffung überschaubarer Wohneinheiten mit der Orientierung an familiären Strukturen und der Zurückdrängung des institutionellen Charakters durch Selbstversorgung und Selbstverwaltung. „Mit der Forderung der Dezentralisierung verband sich inhaltlich die zunehmende Schaffung von Außenwohngruppen jenseits des zentralen Heimgeländes, die Auflösung zentraler Versorgungseinrichtungen und neben der räumlichen Zersiedlung auch die Verlagerung umfassender Kompetenzen zur Alltagsgestaltung auf die Mitarbeiter der kleineren Einrichtungen" (CHASSÉ 2004: 175). In der Folge dessen kam es zu einer zunehmenden Professionalisierung der pädagogischen Fachkräfte, die sich für die auf sie übertragenen Aufgaben individuell qualifizieren mussten (vgl. DREES 1998: 22). Da kleinere, dezentrale Wohneinheiten von außen nicht sofort als Erziehungsanstalten erkennbar sind, wirkt sich dies entstigmatisierend auf die Bewohner aus. Die zergliedertere Wohnform verhindert zudem die hohe Konzentration junger Menschen mit gleichen Problemlagen und reduziert damit die Bildung heimspezifischer Subkulturen.

Bezogen auf den Faktor Eltern- und Familienarbeit können Fachkräfte in kleinen Wohneinheiten ihre pädagogische Arbeit individueller gestalten, Herkunftseltern zielgerichteter und nach den Erfordernissen des Einzelfalls einbeziehen.

4.2.2 Regionalisierung/Milieunahe Unterbringung

Regionalisierung ist „[...] die Verlagerung von Zuständigkeiten an die Basis und damit die Notwendigkeit von Planung und Kooperation im Kontext der jeweiligen lokalen regionalen Gegebenheiten, besonders im Kontext der Initiativ- und Selbsthilfeszene" (THIERSCH 2005: 31). Damit steht auch diese Strukturmaxime in Verbindung zur Eltern- und Familienarbeit im Sinne einer milieunahen Unterbringung von Kindern und Jugendlichen.[25] Der Vorteil einer wohnortnahen Heimunterbringung besteht darin, dass Eltern in der Erziehungsverantwortung bleiben und über Hausbesuche etc. kontinuierlich am Erziehungsprozess beteiligt werden können. Heime im Sozialraum sind also förderlich, „[...] da sie Mitverantwortung ermöglichen, sich in ihre Umwelt integrieren, so zu Orten des sozialen Lernens werden und zugleich aber auch den Erhalt der Familienbeziehungen erlauben" (MOOS & SCHMUTZ 2006: 12). Die Gefahr, dass sich für Kinder „zwei Welten" herausbilden, in denen sie Loyalitätskonflikte gegenüber jeweils der anderen Instanz erleben, wird relativ gering gehalten. Auch der sich für Kinder darstellende Bestrafungscharakter, wenn sie aus ihren sozialen Bezügen herausgerissen werden, nimmt ab. Somit können Freundeskreise erhalten, Vereine weiter besucht, Schulen und Ausbildungsstätten beibehalten werden. Eltern und andere Familienmitglieder können aufgrund der räumlichen Nähe regelmäßig ihre Kinder (Geschwister/Enkel etc.) besuchen, im Gruppenalltag mitarbeiten und an (familien-)spezifischen Angeboten teilnehmen. Die zeitliche, finanzielle und emotionale „Schwelle" zur Teilhabe am Leben der Kinder und Jugendlichen bleibt gering.

Für die pädagogischen Fachkräfte ist es von großem Vorteil, auch ohne enormen zeitlichen Aufwand die Lebenswelt der Familie kennen zu lernen, familiäre Dynamiken zu deuten und für den Hilfeprozess nutzbar zu machen.

4.2.3 Alltags- und Lebensweltorientierung

Alltags- und Lebensweltorientierung in der Heimerziehung nimmt die aktuellen Lebensverhältnisse der Familien in den Blick, ihre Erfahrungen und Probleme, aber auch vor allem ihre Ressourcen und bisherigen Bewältigungsstrategien. „Das Konzept Lebensweltorientierte Soziale Arbeit verweist auf die Notwendigkeit einer konsequenten Orientierung an den Adressaten mit ihren spezifischen Selbstdeutungen und individuellen Handlungsmustern in gegebenen gesellschaftlichen Bedingungen" (GRUNWALD & THIERSCH 2005: 1136). Dies bedeutet, dass professionelle Helfer sich in die Lebenswelt ihrer Klienten

---

25 Natürlich ist es in einigen Fällen weniger ratsam, einen jungen Menschen nahe dem Herkunftsmilieu stationär unterzubringen (z. B. Prostituierte aus dem Zuhältermilieu). Auf den Grundsatz der wohnortnahen Unterbringung wird daher in begründeten Fällen verzichtet (vgl. BÜRGER 1999: 65).

hineinfühlen und hineinbegeben müssen; sich stationäre Einrichtungen öffnen und ihren traditionellen Auftrag bzw. Klientenkreis erweitern müssen (vgl. CONEN 1992: 16 f.). Gerade für Kinder wird damit der Aufbau einer Parallelwelt im Heim, in der das familiäre Umfeld ausgegrenzt und abgewertet wird, verhindert (vgl. DREES 1998: 24 f.). Untrennbar verbunden mit der Alltags- und Lebensweltorientierung ist auch die Ressourcenorientierung. Das Freilegen eigener Fähigkeiten und Kompetenzen der Familien im Lebensalltag, die bisher zur Lösung von Problemen genutzt wurden, spielt dabei eine wichtige Rolle. Betont werden die Stärken von Eltern und Kindern – nicht ihre Defizite –, um so zu einer höheren Selbstwirksamkeit und damit Vertrauen in die eigenen Bemühungen zur Lebensbewältigung zu verhelfen.

4.2.4 Partizipation

Partizipation schafft Mitbestimmungsmöglichkeiten, welche insbesondere die Planung, Gestaltung und Durchführung von Angeboten umfassen (vgl. THIERSCH 2005: 33 f.). Sowohl die Beteiligung von Jungen und Mädchen als auch deren Eltern und weiterer Familienangehöriger während des gesamten Hilfeprozesses ist gesetzliche Forderung und Qualitätsmerkmal guter fachlicher Arbeit zugleich. Erst wenn die Klienten als Koproduzenten gelingender Sozialer Arbeit verstanden werden, ihnen geplante Interventionen erläutert und damit transparent gemacht werden, können Familien die Auswirkungen von zu treffenden Entscheidungen überblicken und diese mittragen. Dies ist der erste Schritt zur Wiederherstellung von Selbstbestimmung, was dem Gedanken des Empowerments[26] gleichkommt. Partizipation in der Heimerziehung meint insbesondere die Eltern- und Familienarbeit. Auch die Teilhabe der jungen Menschen an der Gestaltung des Alltags im Heim und dem gesellschaftlichen Leben gehört hier hinein. *So ist die Teilnahme an der Ausgestaltung von Regeln und Diensten innerhalb der Sozialpädagogischen Wohngruppe des Erziehungshilfevereins Göltzschtal e.V. in Weidig ein ebenso wichtiges Element (z. B. Kummerkasten/Beschwerdemanagement, wöchentliches Gruppengespräch etc.) wie die Nutzung von modernen Kommunikationsmedien (Internet).* Die Strukturmaxime Partizipation hat an dieser Stelle einen fließenden Übergang zu zwei wei-

---

26 Empowerment kann als Hilfe zur Selbsthilfe verstanden werden. Es „[...] verleiht Energie für die Vertretung der eigenen Interessen und entsprechende kommunikative Handlungen durch das rekursiv – im Prozess zunehmender Erfolgserfahrungen – wachsende Bewusstsein eigener Einflussmöglichkeiten im sozialen Nahraum" (RITSCHER 2002: 176).

teren wichtigen Prinzipien – der Normalisierung und der Integration – auf die hier allerdings nicht gesondert eingegangen werden soll.

4.2.5 Prävention

Neben den vorher aufgeführten Strukturmaximen zielt die Maxime der Prävention darauf, „[...] daß [sic] Jugendhilfe frühzeitig, also bevor Probleme sich verhärtet und verdichtet haben, Hilfen anbietet" (THIERSCH 2005: 30). Bezogen auf das Arbeitsfeld der Heimerziehung gehören präventive Angebote zum pädagogischen Alltag (z. B. Drogenprävention, Sexualerziehung, Gesundheitsförderung etc.) und werden in ihrer Wirkung auf die Kinder und Jugendlichen noch verstärkt, wenn die Herkunftseltern einbezogen werden.

Die Präventionsangebote richten sich zudem nicht nur an die fremduntergebrachten jungen Menschen, sondern auch mehr und mehr auf deren Familien. „In jüngster Zeit werden zunehmend auch familienbezogene Interventionsformen praktiziert, die auf die Vermittlung adäquater Sozialisationskompetenzen gerichtet sind (z. B. in Form von Elternbildung und Elterntraining nach § 16 SGB VIII)" (LUKAS 2008: 666).

Prävention in der stationären Erziehungshilfe geschieht auch durch Eltern- und Familienarbeit. So lassen sich pathologische Bedingungen innerhalb der Herkunftsfamilie, die Verhaltensauffälligkeiten verursachen können, entdecken und beeinflussen, um ihr Fortschreiten zu verhindern. Besonders positiv wirkt sich dies auch auf die in der Familie verbliebenen Kinder und Jugendlichen aus, „[...] denn nicht selten ist zu beobachten, daß [sic] mit der Heimunterbringung des einen Kindes sich ‚neue' Probleme bei einem anderen Kind zeigen" (CONEN 2002: 25). Gibt es keine Veränderungen im Elternhaus, übernimmt häufig ein anderes Kinder der Familie die Funktion des „Problemkindes". Diese Dynamiken werden im Kapitel zum systemischen Ansatz näher erläutert (vgl. Kap. 6.2.1).

Die oben beschriebenen Strukturmaximen bilden Grundstandards einer modernen Heimerziehung. Sie werden nicht nur in einschlägiger Fachliteratur postuliert, sondern sie bilden auch die Grundsäulen des Jugendhilferechts (SGB VIII). In diesem Zusammenhang spiegeln sie die demokratische Kultur und den Wertekonsens der Bundesrepublik Deutschland wieder. In der Landschaft der stationären Erziehungshilfen scheint es jedoch bei der Umsetzung der Standards in den letzten knapp 20 Jahren erhebliche Ungleichzeitigkeiten gegeben zu haben, die in der Gegenwart zu einer Diskrepanz zwischen fachwissenschaftlichem Anspruch und Heimerziehungspraxis geführt haben. „Wer die Entwicklung der Heimerziehung etwas genauer verfolgt hat, weiß, daß [sic] es ganz erhebliche Ungleichzeitigkeiten in der fachlichen Weiterentwicklung von Einrichtungsstrukturen je nach Trägern und ihrem Selbstverständnis gibt [...]" (BÜRGER 1999: 63).

4.3 Adressaten der Heimerziehung – fremduntergebrachte Kinder und Jugendliche und deren Familien

Im folgenden Kapitel soll ein Überblick über die möglichen Merkmale von Herkunftsfamilien in der stationären Erziehungshilfe gegeben werden. Ausgehend von der Annahme, „[...] dass es die Herkunftseltern nicht gibt und es demnach auch keine für die Gesamtgruppe der Herkunftseltern allgemein gültige [sic] Situationsbeschreibungen geben kann" (FALTERMEIER 2004: 45). Adressaten der Heimerziehung stammen aus allen sozialen Schichten, wobei die unteren sozialen Schichten der Gesellschaft in dieser Hilfeform überrepräsentiert sind (vgl. BÜRGER 2001: 651). „Wenngleich es nicht möglich ist, eine eindeutige >>Indikation<< oder ein typisches Profil dieser Problemkonstellationen zu beschreiben, so lässt sich doch sagen, dass die Situation in den Herkunftsfamilien häufig durch eine besonders hohe Problemverdichtung geprägt ist, die beispielsweise im Zusammentreffen von Faktoren objektiver sozialer Benachteiligungen (etwa Arbeitslosigkeit, Einkommensarmut, Wohnungsnot) in den Herkunftsfamilien und – nicht zuletzt dadurch begünstigter – Überforderung der Eltern in der Bewältigung dieser Lebenslage dazu führt, dass sie die Erziehung ihrer Kinder nicht mehr verlässlich oder angemessen gewährleisten können oder die Kinder sich diesen unübersichtlichen, gelegentlich unberechenbaren und subjektiv belastenden familiären Bedingungen nicht länger aussetzen können oder wollen" (BÜRGER 2001: 651).

4.3.1 Die Familien

Im Folgenden soll auf die strukturellen Merkmale der Familien fremduntergebrachter junger Menschen eingegangen werden.
Die Familien sind häufig „unvollständig", d.h. alleinerziehende Elternteile (überwiegend Mütter) oder reorganisierte Familien (Patchwork-/Stieffamilien). Belastende Erfahrungen wie Trennung oder Scheidungen (auch Tod eines Elternteils) können vorausgesetzt werden. Die Familien unterscheiden sich i.d.R. von der „Normalfamilie" durch ihre Größe und die Anzahl der Geschwister. Nicht selten sind die Familien

kinderreich und befinden sich in soziökonomisch prekären Lebenslagen. „Kinderreichtum erfordert ausreichend Geldmittel und geeignete Wohnverhältnisse, um den Kindern entsprechende Entwicklungsmöglichkeiten zu geben. Wie sich aber im folgenden [sic] zeigen wird, kann in bezug [sic] auf die Familien, die Heimerziehung in Anspruch nehmen (oder nehmen müssen), keinesfalls von einer ausreichenden materiellen Ausstattung, ganz im Gegenteil muss von sehr vielfältigen soziostrukturellen Benachteiligungen ausgegangen werden" (HAMBERGER 2002: 206). Aufgrund von niedrigem Bildungsniveau und oft fehlender Ausbildung gestaltet sich der Weg in die Arbeitswelt extrem hindernisreich. Durch Einkommensarmut oder Erwerbslosigkeit sind diese Familien häufig auf sozialstaatliche Transferleistungen (Arbeitslosengeld II, bedarfsorientierte Grundsicherung im Alter und bei Erwerbsminderung oder Sozialhilfe) angewiesen und leben am Existenzminimum, was nicht zuletzt zu teilweise hoher Verschuldung führt. In Zusammenhang damit stehen problematische Wohnverhältnisse – meist in Wohnungen des sozialen Wohnungsbaus und Wohngebieten mit schlechter Infrastruktur (soziale Brennpunkte). Folglich sind die Wohnverhältnisse oft sehr beengt, es fehlen Rückzugsmöglichkeiten für die jungen Menschen. Nicht selten stellt die schlechte Bausubstanz ein Risiko für die Gesundheit und in Ausnahmefällen eine Lebensgefährdung für die Kinder dar. Die Folgen der Langzeitarbeitslosigkeit (fehlende Tagesstruktur, mangelndes Selbstwertgefühl etc.) wirken sich insbesondere im psychosozialen Bereich aus und beeinträchtigen die Kompetenzen zur Lebensbewältigung. Daraus resultieren vielmals die soziale Isolation der Familie, Probleme in der Partnerbeziehung der Eltern und eine generelle Überforderung mit den Anforderungen des Alltags. In einigen Fällen haben sich die Problemlagen teilweise über mehrere Generationen potenziert und es kommt zu Gewalt- und Missbrauchserfahrungen, Gefängnisaufenthalt, Suchtproblematik oder psychischen Erkrankungen eines Elternteils. An dieser Stelle muss vermerkt werden, dass Eltern fremduntergebrachter Kinder und Jugendlicher häufig belastende Erfahrungen in ihrer eigenen Kindheit und Jugend gemacht haben und nicht selten selbst in Heimen oder anderen Institutionen der öffentlichen Erziehung aufgewachsen sind. Das Großwerden in den früheren Erziehungsanstalten hatte vielfach repressiven Charakter (vgl. Kap. 3) und erschwert heute das Vertrauen in Helfersysteme. Auch die Beziehungen zu den eigenen Eltern sind in solchen Fällen negativ belegt. Diese frühen Bindungsstörungen schlagen sich dann häufig in den Beziehungen zu Lebenspartner, Verwandtschaft, Freunden und Bekannten nieder. Selbst aus „Problemfamilien" stammend, verfügen Herkunftseltern meist nur über begrenzte erzieherische Kompetenzen. So sind sie kaum in der Lage, Bedürfnisse oder auch Gefährdungen ihrer Kinder frühzeitig und angemessen zu erkennen. Auch ein Perspektivwechsel in die Welt des Kindes, vorausschauendes erzieherisches Handeln und die Reflexion von Effekten und Konsequenzen (erzieherischen Handelns) fällt ihnen schwer (vgl. FALTERMEIER 2004: 50). Weiterhin auffällig ist eine geringe Kontinuität zu Bezugspersonen und in der Folge das Fehlen eines zuverlässigen informellen Netzwerkes. Bestehende soziale Kontakte wirken sich oft eher ausbeutend und belastend als nutzbringend und stabilisierend aus. „Damit stehen diesen Familien für die Bewältigung von alltäglichen Stresssituationen, aber insbesondere auch bei einschneidenden familiären Krisen keine informellen Regulierungsmechanismen zur Verfügung. Dies ist umso gravierender, als die schwierigen Lebensbedingungen häufig Anlass für Krisen und Konflikte bilden" (FALTERMEIER 2004: 47). Wie ersichtlich wurde, existieren in den Familien enorme Hilfebedarfe, die nur mit konkreter Unterstützung zu bewältigen sind.

4.3.2 Die Kinder und Jugendlichen

Wie aus dem vorangegangenen Kapitel zu schlussfolgern ist, stehen die Problemlagen der jungen Menschen im Zusammenhang mit den gesamten familialen Belastungen und lassen die Notwendigkeit einer stationären Unterbringung an einem anderen Ort erst vor diesem Hintergrund verstehbar werden (vgl. HAMBERGER 2002: 211).
Entgegen der veralteten Vorstellung – die auch heute noch anzutreffen ist –, dass in Heimen überwiegend Waisenkinder leben, sei darauf hingewiesen, dass nur die geringste Anzahl der untergebrachten Kinder und Jugendlichen „echte" Waisenkinder sind (vgl. GÜNDER 2007: 85 f.; RAUSCHENBACH 2007: 14) . Das Gros der „Heimkinder" hat ein Elternhaus, in dem jedoch mangelhafte Sozialisations- und Entwicklungsbedingungen vorherrschten. Dieser Fakt benachteiligt sie gegenüber Gleichaltrigen und führt oft zu Entwicklungsdefiziten (Sprachprobleme, motorische und sensorische Störungen etc.) und Lern- und Leistungsstörungen. Vor dem Hintergrund familiärer Machtkämpfe und emotionaler Verstrickungen haben diese Kinder oft Verhaltensstrategien entwickelt, die von außen als abweichendes Verhalten (aggressives Verhalten, Schulverweigerung, Delinquenz) deklariert werden, im Kontext der familiären Problemkonstellationen allerdings sinnvoll erscheinen und verstehbar werden. Besonders benachteiligt sind oft (chronisch) kranke oder behinderte Kinder. Ihre intensive Pfle-

ge und Förderung kann innerhalb der belastenden Verhältnisse kaum geleistet werden. Zusammenfassend konstatiert HAMBERGER: „Häufiger werden bei den Beweggründen für eine stationäre Erziehungshilfe Belastungen der Eltern wie Alkoholprobleme und psychische Belastungen neben sozioökonomischen Faktoren genannt, weniger stark sind es Schwierigkeiten der Kinder oder sehr spezifische Behinderungen, Entwicklungsverzögerungen oder gravierenden Verhaltensauffälligkeiten der Kinder" (HAMBERGER 2002: 211).

5 Forschungsergebnisse zur Eltern- und Familienarbeit in der Heimerziehung

Im folgenden Kapitel soll der bisherige Forschungsstand hinsichtlich der Bewertung von Eltern- und Familienarbeit im Kontext einer stationären Fremdunterbringung referiert werden. Die aufgeführten Studien sind chronologisch geordnet und unterscheiden sich in Bezug auf die angewandten Forschungsmethoden und die Größe der untersuchten Populationen. Vergleiche können deshalb nur eingeschränkt gezogen werden. Außerdem muss darauf hingewiesen werden, dass einige Studien (5.1; 5.2; 5.3) bereits vor Inkrafttreten des SGB VIII durchgeführt wurden.

Den Ausgangspunkt der folgenden Studien bildet die Tatsache, dass die Mehrzahl der in der stationären Erziehungshilfe untergebrachten Kinder und Jugendlichen Kontakte und Beziehungen zu ihren Eltern und weiteren Familienangehörigen unterhalten und dass diese im Falle einer Fremdunterbringung weiterhin eine bedeutende Rolle im Leben der jungen Menschen spielen.

5.1 Zentrale Ergebnisse der PLANUNGSGRUPPE PETRA zur Eltern- und Familienarbeit in der Heimerziehung

Die PLANUNGSGRUPPE PETRA untersuchte in den Jahren 1982-1986 die Leistungsfähigkeit von Heimerziehung. In diesem Zusammenhang setzte man sich auch mit der Zusammenarbeit mit den Eltern durch die stationären Erziehungshilfeeinrichtungen auseinander. An der Untersuchung nahmen 8 Einrichtungen, in denen insgesamt 344 Kinder und Jugendliche betreut wurden, teil. Die Untersuchung ergab, dass ca. 85% der fremduntergebrachten jungen Menschen Kontakt zu ihren Eltern haben. Man ermittelte eine durchschnittliche Anzahl von 20 persönlichen Kontakten zwischen Kind und Eltern pro Jahr. Die Anzahl der telefonischen Kontakte zwischen den Minderjährigen und ihren Herkunftseltern wurde als bedeutend höher eingeschätzt (vgl. PLANUNGSGRUPPE PETRA 1988: 78).

Des Weiteren wurden die in den stationären Einrichtungen Tätigen hinsichtlich Einstellung zur Notwendigkeit von Eltern- und Familienarbeit in der stationären Erziehungshilfe befragt. Dabei wurde zunächst von allen Heimmitarbeitern eine aktive Zusammenarbeit mit den Herkunftseltern befürwortet. Den Erziehungsprozess betreffend wurden die Eltern jedoch auch in hohem Ausmaße als Störfaktoren betrachtet (vgl. PLANUNGSGRUPPE PETRA 1988: 78). Eine konzeptionelle Verankerung von Eltern- und Familienarbeit schien es zu geben, Aussagen der Heimmitarbeiter dazu gestalteten sich jedoch widersprüchlich. „Das Vorhandensein eines Konzeptes, sei es schriftlich oder sei es auch nicht schriftlich, wurde von den Heimleitern zu gut 40%, von den Therapeuten zu mehr als 75%, von den Gruppenleitern aber nur zu ungefähr 27% bejaht" (PLANUNGSGRUPPE PETRA 1988: 79).

Daneben ermittelte man für die in der Realität faktisch geleistet Eltern- und Familienarbeit eine mangelhafte Umsetzung. Nur in knapp 40% der untersuchten Fälle wurde Eltern- und Familienarbeit durchgeführt. Diese fand dann i.d.R. in den Räumlichkeiten der Einrichtungen statt. Die externe Elternarbeit im familiären und sozialen Milieu wurde in geringem Maße durchgeführt und von den sozialpädagogischen Fachkräften nur als Ergänzung und nicht als fester Bestandteil einer Eltern- und Familienarbeit anerkannt. Eltern- und Familienarbeit wurde fast ausschließlich als notwendig angesehen, wenn eine Rückkehroption des jungen Menschen in seine Herkunftsfamilie bestand.

Zusammenfassend vermerken die Autoren: „Wir nahmen insgesamt eine Gesamteinschätzung der geleisteten Elternarbeit nach den Kriterien der **Häufigkeit,** der **Regelmäßigkeit,** der **Vorbereitung,** der **Dokumentation** und der **Nachbereitung** der Kontakte vor. Bei den von uns untersuchten Einrichtungen kamen wir dann auf zwei ausgesprochen gute Elternarbeitsheime, die vier oder fünf dieser Kriterien erfüllten. Es gab drei `mittlere Heime´, die zwei bis drei dieser Kriterien erfüllten, aber auch zwei unbefriedigende Elternarbeitsheime, die praktisch keines der genannten Kriterien erfüllten" (PLANUNGSGRUPPE PETRA 1988: 81 f.).

5.2 Zentrale Ergebnisse der Studie zur Eltern- und Familienarbeit des VERBANDES KATHOLISCHER EINRICHTUNGEN DER HEIM- und HEILPÄDAGOGIK e.V.

Diese Studie aus dem Jahr 1987 befasste sich eher mit den praktischen Formen der durchgeführten Eltern- und Familienarbeit innerhalb der stationären Erziehungshilfeeinrichtungen des Fachverbandes. Es wurden 363 Einrichtungen des Fachverbandes angeschrieben, worauf 260 Einrichtungen eine Rückmeldung gaben. Damit zeichnete sich die Studie durch eine hohe Rücklaufquote (71,6%) des ausgesandten Fragebogens aus. Die Autoren der Studie schlossen dementsprechend auf ei-

nen hohen Stellenwert, den die Eltern- und Familienarbeit im Bereich der Heimerziehung einnimmt (vgl. VERB. KATH. EINRICHTUNGEN 1989: 9 f.).
Die Ergebnisse dieser Studie interpretiert Hansen allerdings dahingehend, dass „[...] knapp die Hälfte aller Elterngespräche von ErzieherInnen geführt [werden; der Verfasser], ohne daß [sic] diese in der Regel ausreichend auf diese Aufgabe vorbereitet und, etwa im Rahmen einer Supervision, begleitet werden. Fraglich erscheint aber auch, ob Heim- und ErziehungsleiterInnen, die immerhin 35% der Gespräche führen, eine hinreichende Qualifikation besitzen. Elternarbeit in der heutigen Zeit, basiert offensichtlich weniger auf einem systematisierten und konzeptionell durchdachten Fundament denn auf einem persönlichen Geschick der jeweils damit betrauten Professionellen" (HANSEN 1999: 1025).

5.3 Zentrale Ergebnisse der Studie zur Elternarbeit in der Heimerziehung von MARIE-LUISE CONEN

Mit ihrer quantitativen Untersuchung zur Eltern- und Familienarbeit in der stationären Erziehungshilfe hat die Autorin CONEN eine umfassende Datensammlung zum Themenbereich herausgegeben. Der standardisierte Fragebogen wurde an 1185 Mitglieder der Internationalen Gesellschaft für erzieherische Hilfen (IGfH) verschickt. Aus verschiedenen Gründen konnten nur 335 Fragebögen ausgewertet werden, was einer Rücklaufquote von knapp 30% entspricht (vgl. CONEN 2002: 162). Die erhobenen Daten, welche sämtliche Aspekte der Eltern- und Familienarbeit in der Heimerziehung abdeckten, wurden erstmals im Jahr 1990 veröffentlicht. Wenngleich das Datenmaterial heute recht veraltet sein mag (ca. 20 Jahre alt), bildet das Werk einen Meilenstein für die Thematik der Eltern- und Familienarbeit in der stationären Erziehungshilfe.
Allerdings sollten bei der Bewertung der Daten zwei Aspekte beachtet werden: „An der Befragung beteiligten sich 335 Einzelmitglieder der IGfH, davon waren 115 (34,3%) weibliche und 219 (65,4%) männliche Befragte, was einer umgekehrten Population der Beschäftigten in stationären Einrichtungen der Jugendhilfe entspricht, denn im allgemeinen sind ca. 2/3 weibliche und 1/3 männliche Beschäftigte zu verzeichnen. Diese Befragungspopulation ist im Zusammenhang mit der Mitgliederstruktur eines Fachverbandes, wie ihn die IGfH darstellt, zu sehen. Von der Altersstruktur der Befragten her ist deutlich ein Überwiegen in der Altersspanne 26-40 Jahre (74%) zu beobachten, jüngere

Heimmitarbeiter sind in dieser Befragung wenig einbezogen, was sicherlich mit der Bereitschaft zu tun hat, sich bereits in diesem Alter einem Fachverband anzuschließen. Aber auch die über 40Jährigen sind geringer vertreten" (CONEN 2002: 166).

Auch CONEN konstatierte seitens der in der Heimerziehung tätigen pädagogischen Mitarbeiter ein großes Interesse an Eltern- und Familienarbeit. „Elternarbeit wird von 4/5 der Befragten als wichtiger bzw. sehr wichtiger Aspekt ihrer Arbeit betrachtet [...]" (CONEN 1993: 40). Daneben ist außerdem eine Zunahme der konzeptionellen Fixierung von Eltern- und Familienarbeit zu verzeichnen (vgl. CONEN 2002: 182). Im Folgenden sollen einige weitere Ergebnisse von CONENS Studie angeführt werden:

- 58,2% der Befragten waren der Ansicht, dass Herkunftseltern sich nicht an Vereinbarungen und Absprachen halten,
- 72,2% glaubten, dass Eltern durch die Herausnahme/Fremdunterbringung ihres Kindes Schuldgefühle haben,
- 68,2% waren der Meinung, dass in der stationären Erziehungshilfe tätige pädagogische Fachkräfte von den Herkunftseltern als Konkurrenten angesehen werden,
- für 61,4% der befragten sozialpädagogischen Fachkräfte schwankten die Herkunftseltern zwischen Fürsorge und Desinteresse an ihrem Kind (vgl. CONEN 2002: 196),
- als hinderlich für die Eltern- und Familienarbeit gaben 76,3% eine mangelnde Bereitschaft der Eltern an, 64,9% die zu hohe Arbeitsbelastung vor allem auf Seiten der Erzieher im Gruppendienst (vgl. CONEN 2002: 221),
- 34,5% der Befragten fühlten sich für Aufgaben der Eltern- und Familienarbeit nicht qualifiziert (vgl. CONEN 2002: 250).

5.4 Persönlichkeitsentwicklung von jungen Menschen in Erziehungsheimen – eine Studie von GERD HANSEN

Im Jahr 1994 veröffentlichte GERD HANSEN eine Studie, deren Gegenstand sich mit der Persönlichkeitsentwicklung von jungen Menschen (479 Probanden) in Erziehungsheimen beschäftigte. Auch in dieser empirischen Untersuchung griff Hansen den Aspekt Eltern- und Familienarbeit auf. Er kam zu dem Ergebnis, dass der hohe Stellenwert, welcher der Eltern- und Familienarbeit in der stationären Erziehungshilfe allseits zugewiesen wird, nur unzureichend in der alltäglichen pädagogischen Arbeit der Einrichtungen umgesetzt wurde.

„So bieten nicht einmal die Hälfte der in die Untersuchung einbezogenen Heime eine feste Sprechstunde an. In nahezu 30% werden Elterngespräche überwiegend intern (d.h. im Heim) durchgeführt. [...] Noch gravierender in Hinblick auf die weitere Entwicklung der Kinder und auch der Eltern ist die nur sehr geringe Anzahl der Einrichtungen zu bewerten, die nach der Entlassung weiterhin als Ansprechpartner zur Verfügung steht" (HANSEN 1994: 176). Zudem befragte HANSEN mit Leitungsfunktionen betraute Heimmitarbeiter zu ihren Vorstellungen hinsichtlich der Zusammenarbeit mit den Herkunftseltern. Die Heimleiter räumten der Kooperation einen hohen Stellenwert ein. Doch Hansen ermittelte auch starke Tendenzen, dass Eltern als Störfaktoren des Erziehungsprozesses im Heim empfunden werden. „Während Kooperation unter normativen Gesichtspunkten überwiegend als wünschenswert betrachtet wird, werden nicht selten viele die Kinder betreffenden Angelegenheiten ohne Zuratziehen der Eltern geregelt" (HANSEN 1994: 177 ff.).

5.5 Heimerziehung als kritisches Lebensereignis – eine Studie von HELMUT LAMBERS

LAMBERS stellte in seiner Studie von 1996 heraus, wie wichtig es ist, die Ressourcen der Herkunftsfamilie zu erkennen und innerhalb des Hilfeprozesses zu würdigen. „Werden diese vom Helfersystem nicht genutzt oder gar ignoriert, wird das Helfersystem als bedrohlicher, ordnungsrechtlicher Eingriff und Beschränkung eigener Autonomiebestrebungen erlebt, abgelehnt und bekämpft. Eine wichtige Ressource zur Entwicklung neuer Lebensperspektiven und damit auch zur Gestaltung von Erziehung im Heim, geht verloren" (LAMBERS 1996: 184). Bezüglich der Eltern- und Familienarbeit der stationären Erziehungshilfeeinrichtungen stellte LAMBERS keine besonderen Aktivitäten der Heimmitarbeiter fest. „In der Fachdiskussion zur Elternarbeit in der Heimerziehung gewinnt man den Eindruck, daß [sic] nur die Kinder und Jugendlichen in den Genuß [sic] ihres Rechtsanspruches kommen, die zufälligerweise in einem Heim leben, das Elternarbeit in adäquater Weise entwickelt und praktiziert" (LAMBERS 1996: 189).

5.6 Zentrale Ergebnisse der JULE-Studie

Bei der sogenannten JULE-Studie aus dem Jahr 1998 handelte es sich um eine Evaluationsstudie, deren Gegenstand die Leistungen und Probleme der Heimerziehung waren. Die Erkenntnisse wurden durch eine umfassende Analyse von Jugendamtsakten und einer Nachbefragung von ehemals in der stationären Erziehungshilfe betreuten jungen Menschen gewonnen. Hinsichtlich der Zusammenarbeit mit den Herkunftseltern kam man zu folgenden Ergebnissen:

Tabelle 1: Elternarbeit in stationären Erziehungshilfen

	Elternarbeit in stationären Erziehungshilfen	
		%
Ja	47	70,1
Nein	20	29,9
Keine Angaben	60	-
Total	127	100,0
		n=67

(Quelle: HAMBERGER 2002: 219)

In den Akten von 60 Fällen und somit fast der Hälfte der untersuchten stationären Fremdunterbringungen waren keine Hinweise bezüglich einer Zusammenarbeit mit den Angehörigen zu finden. HAMBERGER befürchtete demzufolge, dass keine Eltern- und Familienarbeit stattgefunden hatte. Für die übrigen 67 Hilfefälle ermittelte HAMBERGER, dass bei 70,1% Eltern- und Familienarbeit stattfand und in 29,9% ein Fehlen konstatiert wurde. „Das bedeutet also, daß [sic] zum einen fast in der Hälfte der Hilfeverläufe bezüglich einer Zusammenarbeit mit den Erziehungsberechtigten der jungen Menschen keine Hinweise dokumentiert waren, es zum anderen in einer großen Zahl der aussagekräftigen Hilfeverläufe faktisch keine Elternarbeit gab" (HAMBERGER 2002: 219).

Des Weiteren kam HAMBERGER zu dem Ergebnis, dass eine systematische (d.h. methodisch geplante und zielgerichtete) Eltern- und Familienarbeit äußerst selten seitens der stationären Einrichtungen durchgeführt wurde (vgl. HAMBERGER 2002: 220). Bei der Bilanzierung von stationären Erziehungshilfeverläufen kam HAMBERGER zu der Erkenntnis, dass sich eine systematische Eltern- und Familienarbeit positiv auf die Entwicklung der Hilfemaßnahme auswirke. „Findet Elternarbeit statt, so zeigen sich in fünf von sechs Hilfeverläufen positive Entwicklungen, findet keine Elternarbeit statt, so verläuft annähernd jeder dritte Falle negativ" (HAMBERGER 2002: 221 f.).

5.7 Verwirkte Elternschaft? – eine Studie von JOSEF FALTERMEIER

FALTERMEIER legte 2001 eine Studie vor, die nachwies, dass die Fremdunterbringung von jungen Menschen in Pflegefamilien und Heimen nicht nur den gesellschaftlichen Gesamtstatus der Familie verändert, sondern auch konkrete Auswirkungen auf das Erleben der Eltern hat (vgl. FALTERMEIER 2004: 47). Anhand von 16 Fallstudien sollte untersucht werden, wie Eltern für eine Zusammenarbeit mit sozialen Diensten und Einrichtungen gewonnen werden können. In diesem Zusammenhang deckte FALTERMEIER auf, dass es bei Unterbringung außerhalb der Herkunftsfamilie zu Entfremdungsprozessen auf verschiedenen Ebenen kommen kann. „Entfremdung meint hier einerseits, dass mit zunehmender Dauer des Pflegeverhältnisses Herkunftseltern ihrer Rolle als Eltern zunehmend entfremdet werden bzw. sich selbst von dieser Rolle entfremden" (FALTERMEIER 2001: 185). Dieser Entfremdungsgefahr sollte im Rahmen der Beteiligung der Eltern am Hilfeprozess (z. B. Eltern- und Familienarbeit) entgegengewirkt werden. „Das stützt die Annahme, dass dort, wo Herkunftseltern als Eltern ihrer Kinder ernst genommen werden und an der Erziehung ihrer Kinder auch aktiv Anteil nehmen können, biografische Verletzungserfahrungen vermieden werden" (FALTERMEIER 2001: 187). FALTERMEIER zeigte auch, dass die Fremdunterbringung von Kindern und Jugendlichen bei den Herkunftseltern meist Schuldgefühle, Verunsicherung, Stigmatisierung und Autonomieverlust auslöst. „Die Fremdunterbringung eines Kindes erhöht den sozialen und psychischen Druck auf Eltern und verändert deren Lebenssituation völlig. Herkunftseltern bleiben mit den Auswirkungen und Folgen der Fremdunterbringung oftmals auf sich alleine gestellt. Ihre schwierige soziale und ökonomische Situation bleibt bestehen" (FALTERMEIER 2004: 48). Gelingt es aber, die Eltern mit konkreten Hilfsangeboten zu unterstützen, sie für eine positive Sichtweise auf die Notwendigkeit der Fremdunterbringung aufzuschließen und ihnen zu verdeutlichen, dass sie weiterhin die Erziehungsverantwortung tragen, zeigen sich Eltern oft motiviert zur Zusammenarbeit und sehen diese Form der sozialpädagogischen Intervention als hilfreich an. „Nur wenn es gelingt, den Herkunftseltern im Zusammenhang mit der Fremdunterbringung eine positive Bedeutungszuschreibung zu ermöglichen [...] können Herkunftseltern die Perspektiven der beteiligten Akteure mit übernehmen, ohne dass es dadurch im Kontext ihres individuellen Sinn- und Relevanzsystems zu Irritationen in ihrer handlungsleitenden Orientierung führen muss" (FALTERMEIER 2001: 193).

5.8 Zusammenfassende Betrachtung

Aus den oben aufgeführten Studien im Zeitraum von 1982 bis 2001 lassen sich zusammenfassend folgende zentrale Punkte herausstellen:
- Der Eltern- und Familienarbeit wird von den Befragten innerhalb der Heimpädagogik eine bedeutende Stellung eingeräumt. Allerdings zeigen die Untersuchungen, dass die praktische Umsetzung im pädagogischen Alltag häufig noch nicht ausreichend gelingt. Teilweise gibt es sogar starke Ausgrenzungstendenzen gegenüber den Eltern.
- Eine Zusammenarbeit mit den Eltern und Angehörigen geschieht häufig nur dann, wenn Kontakte zur Herkunftsfamilie bestehen und eine Rückkehr des jungen Menschen in Aussicht steht.
- Eltern- und Familienarbeit vollzieht sich meist in den Räumen der Einrichtung; externe Elternarbeit im häuslichen Kontext der Familie ist eher selten.
- Eltern- und Familienarbeit geschieht größtenteils ungeplant; systematisches und strukturiertes Handeln im Rahmen der Zusammenarbeit mit den Eltern stellt eher eine Ausnahme dar.
- Werden Eltern nicht adäquat am Erziehungsprozess im Heim beteiligt, kommt es zu Entfremdungsprozessen zwischen Eltern (Familien) und Kind, welche enorme psychische Belastungen für beide Seiten darstellen.
- Pädagogische Fachkräfte sind noch nicht ausreichend für die Aufgabe Eltern- und Familienarbeit qualifiziert.

Da die vorausgehenden Studien schon relativ alt sind, lässt sich vermuten, dass in der gegenwärtigen Heimerziehungspraxis eine Verbesserung dieser Kritikpunkte stattgefunden hat. Deshalb soll der Fokus im Anschluss auf die aktuelle Fachliteratur gelegt werden.

5.9 Aktuelle Diskussionen

Im Jahr 2008 konstatiert TREDE für die Eltern- und Familienarbeit arbeitsfeldübergreifend eine unzureichende praktische Umsetzung. Die Zusammenarbeit mit den Herkunftsfamilien hinkt „[...] häufig dem konzeptionellen Anspruch weit hinterher. E. [Elternarbeit; der Verfasser] erscheint als ein prekäres Arbeitsfeld, weil sie häufig strukturell schlecht abgesichert ist und inhaltlich im widersprüchlichen Gelände zwischen familiärer Innenwelt mit ihren emotionalen Verstrickungen, Überlastungen sowie Schuldgefühlen und der öffentlichen SozArb [Sozialen Arbeit; der Verfasser] mit ihren Kontrollfunktionen agiert" (TREDE 2008: 227). Ebenfalls im Jahr 2008 stellt die Autorin BIRTSCH für das Arbeitsfeld Heimerziehung fest, dass in den vergangenen Jahrzehnten durch die Reformprozesse auf dem Gebiet der öffentlichen Erziehung bedeutende Verbesserungen für fremduntergebrachte Kinder und Jugendliche und deren Familien erreicht wurden. Jedoch bestehen weiterhin in vielen Bereichen des Arbeitsfeldes Entwicklungsbedarfe. „Die Beteiligung der jungen Menschen wie der Personensorgeberechtigten *(Partizipation)* wird ebenso wie die Hilfeplanung *(Einzelfallhilfe)* nicht qualifiziert genug wahrgenommen" (BIRTSCH 2008: 422). Gerade die Zusammenarbeit mit Eltern und Familien während des Zeitraums der Fremdunterbringung drückt den Grundsatz der Partizipation aus.

SCHRÖER kommt zu der Feststellung, dass in der stationären Erziehungshilfe noch nicht ausreichend elternorientiert gearbeitet wird, sondern vielmehr die pädagogische Arbeit der stationären Einrichtungen auf die Verselbstständigung der jungen Menschen abzielt (vgl. SCHRÖER 2007: 224) Er fordert: „Deshalb ist es für eine künftige Qualitätsentwicklung wesentlich, die Eltern- und Angehörigenarbeit beziehungsweise die Arbeit mit dem sozialen Bezugssystem zu einem konzeptionellen Bestandteil jeder stationären Einrichtung zu machen. Grundlage für die Ausgestaltung der Eltern- und Familienarbeit sind die jeweils individuellen Bedarfe und Entwicklungsmöglichkeiten der jungen Menschen und ihrer Familien- und Bezugssysteme. Im Hilfeplan ist deshalb genau festzuhalten, welche Aufgaben die Eltern während der Unterbringung zu übernehmen haben und wie die geplante Rückführung beziehungsweise Verselbstständigung in Kooperation geschehen kann" (SCHRÖER 2007: 224 f.). Auch HOMFELDT und SCHULZE-KRÜDENER weisen gegenwärtig darauf hin, dass die durch das SGB VIII geforderte intensive Erziehungspartnerschaft zwischen Herkunftsfamilie, jungem Menschen und den Fachkräften der freien und öffentlichen Jugendhilfe noch längst nicht allerorts umgesetzt wird, sondern meist noch ein anzustrebendes Verhältnis darstellt (vgl. HOMFELDT & SCHULZE-KRÜDENER 2007: 9).

Es scheint noch immer erhebliche Probleme und Schwierigkeiten bei der praktischen Umsetzung von Eltern- und Familienarbeit zu geben, die einer angemessenen Kooperation mit der Herkunftsfamilie im Wege stehen. Eltern- und Familienarbeit stellt wohl eine der schwierigsten Aufgaben im Arbeitsfeld der Heimerziehung dar. Als wichtiger Bestandteil gelungener Heimsozialisation ist sie jedoch unabdingbar.

6 Notwendigkeit von Eltern- und Familienarbeit in der Heimerziehung

An dieser Stelle soll die Notwendigkeit der Zusammenarbeit mit den Herkunftsfamilien fremduntergebrachter Mädchen und Jungen aus drei verschiedenen Blickwinkeln erörtert werden.

6.1 Rechtliche Begründung

Bereits Art. 6 Abs. 2 GG regelt grundlegend, dass Pflege und Erziehung zunächst immer das Recht und die Pflicht der Eltern sind. Um dieser Formulierung Rechnung zu tragen, wurde dieser Artikel des Grundgesetzes in § 1 Abs. 2 des SGB VIII aufgenommen. „Pflege und Erziehung der Kinder sind das natürliche Recht der Eltern und die zuvörderst ihnen obliegende Pflicht" (§ 1 Abs. 2 Satz 1 SGB VIII). Damit sind Personensorgeberechtigte (in den meisten Fällen die Eltern) stets bei Inanspruchnahme von Sozialleistungen gemäß dem SGB VIII in umfassenden Maße an der Einleitung und Durchführung von Jugendhilfemaßnahmen zu beteiligen.

Weiterhin legt § 1 SGB VIII fest, dass es Auftrag der Jugendhilfe ist, Eltern bei der Erziehung zu beraten und zu unterstützen (vgl. § 1 Abs. 3 SGB VIII).

Eltern haben außerdem das Recht, bei der Inanspruchnahme von Jugendhilfeleistungen, Wünsche bezüglich der Ausgestaltung der Hilfemaßnahme zu äußern. „Die Leistungsberechtigten haben das Recht, zwischen Einrichtungen und Diensten verschiedener Träger zu wählen und Wünsche hinsichtlich der Gestaltung der Hilfe zu äußern" (§ 5 Abs. 1 Satz 1 SGB VIII).

§ 9 SGB VIII schreibt darüber hinaus vor, dass während einer Jugendhilfemaßnahme die Grundrichtung der Erziehung der Personensorgeberechtigten zu beachten ist. „Bei der Ausgestaltung der Leistungen und der Erfüllung der Aufgaben sind die von den Personensorgeberechtigten bestimmte Grundrichtung der Erziehung sowie die Rechte der Personensorgeberechtigten und des Kindes oder des Jugendlichen bei der Bestimmung der religiösen Erziehung zu beachten" (§ 9 Abs. 1 SGB VIII). Dies setzt voraus, dass die pädagogischen Fachkräfte im Rahmen von Eltern- und Familienarbeit die Lebenswelt der Familie aufsuchen, um Informationen zu gewinnen und Vorstellungen der Eltern freizulegen und diese konstruktiv in den Hilfeprozess einzubeziehen.

Gemäß dem § 34 SGB VIII verfolgt die Heimerziehung in erster Linie das Ziel, die Rückkehr des jungen Menschen in seine eigene Familie anzustreben. Um diese Zielstellung zu erreichen, ist eine intensive Arbeit mit der Herkunftsfamilie des Minderjährigen zu leisten. Gerade für die intensiven Formen der Erziehungshilfen wie Tagesgruppen, Pflegefamilien und Heimerziehung wird Eltern- und Familienarbeit verbindlich durch den § 37 SGB VIII vorgeschrieben:
„Bei Hilfen nach §§ 32 bis 34 und § 35a Abs. 2 soll darauf hingewirkt werden, dass die Pflegeperson oder die in der Einrichtung für die Erziehung verantwortlichen Personen und die Eltern zum Wohl des Kindes oder des Jugendlichen zusammenarbeiten. Durch Beratung und Unterstützung sollen die Erziehungsbedingungen in der Herkunftsfamilie innerhalb eines im Hinblick auf die Entwicklung des Kindes oder Jugendlichen vertretbaren Zeitraums soweit verbessert werden, dass sie das Kind oder den Jugendlichen wieder selbst erziehen kann. Während dieser Zeit soll durch begleitende Beratung und Unterstützung der Familien darauf hingewirkt werden, dass die Beziehung des Kindes oder Jugendlichen zur Herkunftsfamilie gefördert wird" (§ 37 Abs. 1 SGB VIII).
Die Berücksichtigung ihrer Wünsche und Vorstellungen im Hilfeprozess steht den Eltern gemäß § 36 SGB VIII zu, welcher das Hilfeplanverfahren beschreibt. „Der Hilfeplan, von dem Paragraf 36 SGB VIII spricht, ist (lediglich) die Dokumentation eines hypothesengeleiteten zeit- und zielgerichteten Prozesses. Im Mittelpunkt steht der kooperative Prozess der Planung und Gestaltung der Hilfe, an dem neben dem Kind, Jugendlichen und den Eltern, den Fachkräften im Jugendamt auch die leistungserbringenden Einrichtungen und Dienste [...] beteiligt sind" (WIESNER 2004: 77).
Zusammenfassend bleibt zu vermerken, dass Eltern- und Familienarbeit in der Heimerziehung durch die Fixierung im Gesetz zu einem verbindlichen Element der sozialpädagogischen Praxis wird. Mit der Forderung nach Eltern- und Familienarbeit wird den Strukturmaximen Lebensweltorientierung und Prävention Rechnung getragen. Eltern- und Familienarbeit ist aber nicht nur dann zu leisten, wenn bei minderjährigen Heimbewohnern eine Rückkehroption in die Herkunftsfamilie besteht, sondern es sind in jedem Fall geeignete Formen von Eltern- und Familienarbeit zu erarbeiten. Die Art und Weise der geleisteten Eltern- und Familienarbeit muss sich dabei immer am Wohl des Kindes orientieren (vgl. DIOUANI-STREEK 2007: 44 ff.). So muss beispielsweise bei pathologischen Eltern-Kind-Beziehungen – verursacht durch Vernachlässigung, seelische und körperliche Misshand-

lung oder (sexuellen) Missbrauch – eine Risikoabschätzung bezüglich der Auswirkungen des Elternkontakts auf die jungen Menschen vorgenommen werden. Häufig lehnen Minderjährige dann den Kontakt zu den Herkunftseltern ab oder er stellt eine zu starke psychische Überforderung dar. Diese Situationen legitimieren jedoch keine fehlende Eltern- und Familienarbeit, denn die physische Anwesenheit der Eltern ist keine notwendige Voraussetzung für die Durchführung von Eltern- und Familienarbeit.
„Manches Verständnis von Elternarbeit geht oftmals davon aus, daß [sic] immer auch physische Kontakte zwischen Eltern, Heim und Kind bestehen müssen" (CONEN 2002: 27).
Wie an späterer Stelle gezeigt wird, sind die Eltern auch beim Aussetzen der persönlichen Kontakte zum Kind angemessen an der Entwicklung des jungen Menschen zu beteiligen (vgl. Kap. 8.2). Dies kann z. B. über Briefe und Fotos geschehen, die die Entwicklung des Minderjährigen dokumentieren. Wird der Kontakt von einer Seite (Minderjähriger oder Eltern) abgelehnt, so ist die Ablösung durch Trauerarbeit zu unterstützen (vgl. DIOUANI-STREEK 2007: 54). „Eine Elternarbeit mit Kindern und Jugendlichen, die den Kontakt zu den Eltern persönlich ablehnen, könnte auch darin bestehen, mit dem Jugendlichen in Gesprächen deren familiale Bindungen zu berücksichtigen und auch zu thematisieren" (CONEN 2002: 27).

6.2 Begründung aus fachwissenschaftlicher Perspektive

Nachdem im vorhergehenden Kapitel die Eltern- und Familienarbeit in der Heimerziehung aus juristischer Perspektive begründet wurde, soll nun die dahinter stehende fachliche (pädagogisch-psychologische) Begründung für die rechtliche Verankerung von Eltern- und Familienarbeit im SGB VIII dargestellt werden. In diesem Zusammenhang soll sich der Begründung von Eltern- und Familienarbeit aus zwei fachwissenschaftlichen Perspektiven, nämlich *systemtheoretisch* und *psychoanalytisch* angenähert werden. Beiden Begründungen liegt die gemeinsame Annahme zugrunde, dass eine positive Persönlichkeitsentwicklung von Kindern und Jugendlichen nicht ohne Einbezug der Herkunftseltern in die pädagogische Arbeit des Heims zu erreichen ist.
Die systemtheoretische Perspektive basiert auf der folgenden Grundannahme: „Probleme eines Kindes oder Jugendlichen sind im Zusammenhang mit seinem sozialen Umfeld zu sehen, wobei der Familie eine besondere Bedeutung zukommt. Wenn Kinder in einem Heim untergebracht werden, lebten sie i.d.R. zuvor in einer Familie. Die Ursachen

für Auffälligkeiten und Störungen sind im allgemeinen im Kontext der Herkunftsfamilie und der aktuellen Familiensituation zu verstehen" (CONEN 1990: 247).

Die psychoanalytische Perspektive misst den frühkindlichen Erfahrungen mit den Eltern einen bedeutenden Einfluss auf die Persönlichkeitsentwicklung des (jungen) Menschen zu. Die Herkunftsfamilie bleibt für die in Einrichtungen der stationären Erziehungshilfe untergebrachten Mädchen und Jungen die zentrale externe Bezugsgruppe, welche sich trotz ihrer räumlichen Abwesenheit auf das Verhalten und Erleben der jungen Menschen auswirkt (vgl. CONEN 1990: 247; HANSEN 1999: 1024).

Im Folgenden soll die Notwendigkeit von Eltern- und Familienarbeit in der Heimerziehung aus beiden fachwissenschaftlichen Strömungen begründet werden.

6.2.1 Systemtheoretische Perspektive

Aus systemtheoretischer Sicht wird die Familie als System verstanden. Die Familienmitglieder (Vater, Mutter, Kinder) sind Elemente dieses Gefüges und durch unsichtbare Fäden miteinander verbunden. Das System befindet sich in einem selbstgefunden Gleichgewichtszustand (Homöostase) (vgl. RITSCHER 2002: 63). „Die Bindungen zueinander sind ersichtlich, die Freiheit des einzelnen ist abhängig von seinen Bindungen zu den anderen, das Gleichgewicht des Systems ermöglicht die größte Bewegungsfreiheit des Systemeinzelnen" (DREES 1998: 29). Wird ein Element aus diesem System herausgelöst, so sind von dieser Veränderung die anderen Elemente mit betroffen und das Gesamtsystem verändert sich. Es verliert die Balance und wird instabil – ein neuer Gleichgewichtszustand muss erst gefunden werden.

Die stationäre Fremdunterbringung eines jungen Menschen stellt eine solch veränderte Situation für das Familiensystem dar. Die Herausnahme eines Kindes oder Jugendlichen hat somit nicht nur Konsequenzen für dieses Individuum, sondern wirkt rückkoppelnd auf die Herkunftsfamilie. Dieser Ungleichgewichtszustand des Systems stellt den Anknüpfpunkt für Eltern- und Familienarbeit in der Heimerziehung dar (vgl. DREES 1998: 30).

Das Wirklichkeitsverständnis des systemischen Ansatzes ist angelehnt an die philosophische Strömung des Konstruktivismus, „[...] einer Erkenntnistheorie, die davon ausgeht, dass unsere Theorien und Begriffe Konstruktionen über die Welt sind, die auf unseren Wahrnehmungen beruhen und nie unabhängig von diesen sein können" (SCHWING &

FRYSZER 2007: 23). Dies bedeutet, dass eine objektive Realität nicht existiert, sondern das Wirklichkeit immer in der Wahrnehmung des Individuums entsteht, somit subjektiv und vielfältig ist. „Diese subjektiven Wirklichkeiten sind geprägt von den (Vor-)Erfahrungen und Deutungsmustern des Beobachters. Diese werden im Sozialisationsprozess von Familie und sozialer Umwelt übernommen bzw. in der Auseinandersetzung mit ihnen entwickelt. Subjektive Wirklichkeiten stehen somit immer im Kontext eines bestimmten sozialen Gefüges, das die Wahrnehmung von Wirklichkeit bestimmt" (MOOS & SCHMUTZ: 2006: 19 f.). Für die Heimerziehung bedeutet dies, dass Situationsbeschreibungen durch die Familie – aber auch durch pädagogische Fachkräfte – immer subjektive Wirklichkeitskonstruktionen darstellen und durch subjektive Normen und Werte geprägt sind. Diese unterschiedlichen Perspektiven müssen im Dialog mit den Klienten herausgearbeitet und kommuniziert werden.

Der systemische Ansatz geht über eine einfache lineare Ursache-Wirkungs-Relation hinaus, welche besagt, dass das Verhalten des einen Menschen immer in Wechselwirkung zum Verhalten eines anderen Menschen steht (vgl. ROTHE 1994: 14). „Für soziale Systeme, wie beispielsweise Familien, bedeutet dies, dass das Verhalten des einen immer durch das Verhalten der anderen mitbedingt wird und zugleich auf diese wieder einwirkt" (MOOS & SCHMUTZ 2006: 20).

Als Konsequenz ergibt sich für die Heimerziehung Folgendes: Während des gesamten Hilfeprozesses darf nicht nur das Kind in der stationären Einrichtung betrachtet werden, sondern die Aufmerksamkeit der pädagogischen Fachkräfte muss auf das ganze Familiensystem gerichtet sein. Die Veränderung eines Familienmitgliedes – dies kann das fremduntergebrachte Kind, ein Elternteil oder auch ein anderes Familienmitglied sein – erfolgt nicht isoliert, sondern zieht immer auch Veränderungen für die anderen Systemmitglieder nach sich. „Für die Initiierung und Begleitung von Veränderungsprozessen erfordert dieser Zusammenhang eine erhöhte Aufmerksamkeit für die möglichen Folgen der beabsichtigen [sic] Veränderung für die einzelnen Familienmitglieder, sowie eine Abwägung von Kosten und Gewinn der Veränderung für das System als Ganzes" (MOOS & SCHMUTZ 2006 20 f.).

Erziehungshilfen werden häufig von Eltern beantragt, wenn Kinder und Jugendliche abweichende Verhaltensweisen zeigen. Das gezeigte Verhalten wird dann meist von den Familienmitgliedern, Außenstehenden (z. B. Freunde und Nachbarn) oder durch Institutionen (Schule, Polizei) und deren Vertretern als problematisch beschrieben. Während

man früher abweichendes Verhalten als Eigenschaften und Merkmale den (jungen) Menschen zuschrieb und häufig genetische Prädispositionen als Erklärungsansatz nutzte, hat sich heute überwiegend eine andere Sichtweise durchgesetzt. Der systemische Ansatz basiert auf der Annahme, dass Verhaltensauffälligkeiten und Störungen „[...] nicht allein ursächlich in der Person des Kindes zu sehen sind. Entstehung, Aufrechterhaltung und Reduktion sind multikausal im familiären, systemischen Kontext zu interpretieren" (DREES 1998: 30). Damit erhält das auffällige Verhalten eine Doppelfunktion: Zum einen kommt ihm eine Signalfunktion zu, mit der das Kind aufmerksam macht, dass in seiner sozialen Umgebung relevante Probleme existieren, zum anderen stellt das abweichende Verhalten eine Bewältigungsstrategie dar, um die familiären Missstände zu ertragen (vgl. DREES 1998: 30). Das Problemverhalten wird somit zu einer Lösungsstrategie. „Davon ausgehend, dass Menschen Probleme jeweils bestmöglich zu lösen versuchen, wird das als problematisch gekennzeichnete Verhalten als die zurzeit beste bzw. einzige mögliche Reaktion auf das Verhalten anderer verstanden. Die Lösung wird zum Problem, insofern sie sich als ineffektiv für die Interaktionen im System erweist, bzw. mit hohen Aus- und Nebenwirkungen verbunden ist" (MOOS & SCHMUTZ 2006: 21). Das verhaltensauffällige Kind kann als Symptomträger des gestörten Familiensystems betrachtet werden. Der Zusammenhang zwischen kindlichem Individuum und Familie ist bei der Organisation von Erziehungshilfen zu beachten. Im Sinne des systemischen Ansatzes kann sich der junge Mensch nur nachhaltig verändern und eine positive Entwicklung vollziehen, wenn auch an den Strukturen in der Familie gearbeitet wird. „Das Kind wird sich nur nachhaltig ändern können, wenn die Rollenerwartungen und -zuweisungen innerhalb der Familie korrigiert werden können, wenn die einzelnen Familienmitglieder Verhaltensänderungen nicht nur zulassen, sondern infolge eigener Einsicht diese fördern und auch ertragen können" (GÜNDER 2007b: 224).
Die alleinige Unterbringung eines jungen Menschen in einer Einrichtung der stationären Erziehungshilfe würde nur einen linearen Lösungsversuch darstellen. „Die Herausnahme eines Kindes allein bewirkt nichts in der Familie; erst die Einbeziehung der Eltern in die Erziehungsarbeit ermöglicht langfristig gesehen die Rückkehr eines Kindes in die Familie" (CONEN 2002: 21). Die pädagogischen Bemühungen des Heimes lassen sich nach der Rückführung innerhalb der Familie nur sichern und fortführen, wenn während der Dauer der

Fremdunterbringung mit den Familienmitgliedern an ihrem Erziehungsverhalten gearbeitet wurde (vgl. CONEN 2002: 22).

Die Zusammenarbeit der Eltern mit den pädagogischen Fachkräften der Einrichtung darf jedoch nicht vorausgesetzt werden. Häufig müssen die Eltern erst im Rahmen der Eltern- und Familienarbeit zur Kooperation motiviert werden (vgl. CONEN 2002: 22 f.). Dabei muss beachtet werden, dass trotz der meist freiwilligen Zustimmung zur Hilfeform, die Heimunterbringung für die Eltern bedrohlich wirkt und sie mit Versagen, Schuld und Inkompetenz konfrontiert (vgl. CONEN 1996: 207 f.). Besonders die Angst, dass die Fremderzieher besser mit dem eigenen Kind zurechtkommen, spielt dabei eine Rolle. Einigen Familien fällt es schwer, ihr Kind loszulassen und Veränderungen zuzulassen, vor allem dann, wenn das Kind vorher eine wichtige systemerhaltende Funktion einnahm. In einigen Fällen kommt es auch zu einer Symptomverschiebung, d.h. ein anderes Familienmitglied (i.d.R. ein anderes Kind) nimmt die Rolle des fremduntergebrachten jungen Menschen ein.

Tragen die Eltern die Fremdunterbringung nicht mit, zeigen sie verschiedene Verhaltensweisen, die zu Schwierigkeiten zwischen ihnen und den pädagogischen Fachkräften führen können (vgl. Kap. 9.2). So werden beispielsweise Absprachen nicht eingehalten, es besteht mangelnde Bereitschaft zu Gesprächen und ein Konkurrenzverhalten den Heimmitarbeitern gegenüber ist spürbar. Die pädagogischen Fachkräfte müssen die Fähigkeit besitzen, diese Verhaltensweisen im Kontext der Bedeutung der Fremdunterbringung für die Eltern zu interpretieren und eine wertschätzende Grundhaltung den Eltern gegenüber einnehmen. Dies ist die Voraussetzung für die Initiierung einer Erziehungspartnerschaft. Als günstig erweist es sich, auch die Eltern in ihren Problemlagen ernst zu nehmen und mit konkreten Hilfeangeboten zu unterstützen, um die Motivation zur Mitarbeit im Erziehungsprozess zu schaffen. Können die Eltern eigene Probleme lösen, wird der Blick wieder frei für ihre Kinder und im Idealfall kann die Rückführung des jungen Menschen in die Familie vorbereitet werden. Eltern- und Familienarbeit in der Heimerziehung wirkt damit in zwei Stoßrichtungen: auf das Kind und auf die Familie. Eine bloße Um- und Nacherziehung des jungen Menschen wäre „Symptomkurierei" und setzt nicht an den Wurzeln der familiären Probleme an. „Wir zeigen von Anfang an auf, daß [sic] ein Kind die Unterstützung der gesamten Familie braucht; ja, daß [sic] es Verhaltensauffälligkeiten in der Familie erst dann aufgeben wird, wenn es erlebt, daß [sic] alle zufriedener werden und ein harmonisches Familiengleichgewicht geschaffen wird. Verändert ein Kind sein Verhalten in der Einrichtung, so funktioniert dies nur in diesem System. Verhaltensänderungen kann das Kind nur dann auch in der Familie zeigen, wenn Änderungen in der Familie erarbeitet werden" (KOOB & KOOB 1992: 55).

Um an den Bedingungsfaktoren der Störungen des jungen Menschen zu arbeiten ist es notwendig, dass pädagogische Fachkräfte mit Hilfe der Eltern- und Familienarbeit den gesamten Sozialisationshintergrund der Familie explorieren. Mit Hilfe einer präzisen sozialpädagogischen Diagnose können Verhaltensmuster und Beziehungen innerhalb der Familie aufgedeckt und für den Hilfeprozess nutzbar gemacht werden. „Dieser Verstehensprozess zwischen Adressaten und Adressatinnen und Fachkräften, aber auch zwischen den Familienmitgliedern selbst, schafft eine Basis, auf der gemeinsam nach alternativen, ebenso funktionalen Lösungen, aber mit weniger Aus- und Nebenwirkungen gesucht werden kann. Personen/Familien werden sich nämlich nur dann nachhaltig in eine bestimmte Richtung verändern, wenn sie selbst einen Sinn darin sehen, ihr Verhalten zu ändern, und wenn der Preis, der für diese Veränderung zu zahlen ist, nicht höher ist als der Gewinn, den sie aus der Veränderung ziehen" (MOOS & SCHMUTZ 2006 21 f.). Die Zusammenarbeit mit der Herkunftsfamilie bietet den Zugang zu einer Fülle von Informationen, die in die Planung der Erziehungs- und Beziehungsarbeit der stationären Erziehungshilfeeinrichtungen eingeht. Die pädagogischen Fachkräfte sind dadurch besser in der Lage, adäquat auf in der Einrichtung auftretendes Problemverhalten des Kindes zu reagieren. Wird dieses vor dem Hintergrund der (Loyalitäts-)Bindungen zu den Eltern verstanden, können auch Loyalitätskonflikte, denen das Kind während der Heimunterbringung unterliegt, konstruktiv bearbeitet werden. Zurückgehend auf die Bindungsforschung ist die Beachtung der Bindungswünsche und Loyalitäten bzw. Gefühle und Fantasien, die eine Fremdunterbringung bei jungen Menschen und ihren Eltern auslöst, elementar. Heranwachsende sind ihren Eltern nicht nur sehr verbunden, sondern sie verhalten sich ihnen gegenüber auch stets loyal. Sie fühlen sich ihren Eltern auch dann noch zugehörig, wenn sie von ihnen verletzt, misshandelt, missbraucht oder gar ignoriert werden (vgl. CONEN 2007: 64). Die meisten Heimmitarbeiter kennen die Situation, dass nach einer positiv verlaufenen Eingewöhnungsphase eines Kindes oder Jugendlichen in einer stationären Erziehungshilfeeinrichtung plötzlich wieder alte, überwunden geglaubte Verhaltensweisen des Minderjährigen ans Tageslicht treten, meist nachdem er zur Wochenendbeurlaubung bei den Eltern war. Aus Enttäuschung und Ärger suchen die Heimmitarbeiter die Schuld bei den Eltern und sind dazu geneigt, weitere Wochenendbeurlaubungen zu versagen und die Eltern als Störfaktor aus dem Hilfeprozess auszugrenzen. Die Ursache für die Verhaltensauffälligkeiten der Kinder und Jugendlichen sind jedoch Loyalitätskonflikte, die im Beziehungsdreieck junger Mensch – Eltern – Fachkräfte entstehen.

Abbildung 1: Loyalitätskonflikte des Kindes

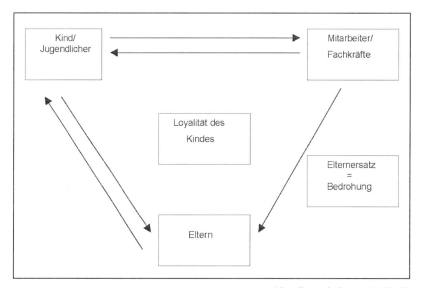

(Quelle: vgl. Conen 2007:65)

Werden die Eltern als Unruhestifter von den Heimmitarbeitern wahrgenommen und ihnen eine positive Wirkung auf den Hilfeprozess abgesprochen – was sich bis zum Bestreben, die Eltern aus dem Hilfeprozess auszuschließen, steigern kann – so ist dies in hohem Maße schädlich für das Gelingen der Hilfe.

Die jungen Menschen leben in zwei Welten (Heim und Familie) und wollen zu beiden dazugehören. Damit wird einem Kind ein unüberwindbarer Spagat auferlegt: auf der einen Seite stehen die Erzieher, auf der anderen Seite die Eltern. Entwickelt sich das Kind im Heim positiv, „verrät" es die Eltern und wertet diese als erziehungsunfähig ab. Verhält es sich seinen Eltern gegenüber loyal, so muss es weiterhin die familiären Verhaltensweisen aufzeigen, die jedoch von den Erziehern als abweichend wahrgenommen und sanktioniert werden. Aufgrund der Loyalität zu den Eltern wird das Kind sich eher für die zweite Möglichkeit entscheiden. „Denn wenn das Kind im Heim eine positive Entwicklung nimmt, dann kann es nicht am Kind liegen, sondern an den Eltern, dass die Entwicklung des Kindes nicht in gewünschter Weise erfolgte. Diese Abwertung der Eltern ist jedoch für das Kind schwer aushaltbar; es wird im folgenden versuchen, die Eltern von deren vermeintlicher Inkompetenz zu ‚befreien' " (CONEN 2007: 65).

Aufgrund des in Abb. 1 dargestellten Beziehungsdreiecks ist zu vermuten, dass es immer wieder dazu kommt, dass Heimerzieher und Eltern in eine Art Konkurrenzverhältnis treten. Heimmitarbeiter könnten dazu neigen, die Eltern mit dem Label „erziehungsuntauglich" zu versehen. Im Vordergrund steht dann das Belehren der Eltern bzw. das Demonstrieren von „Fähigkeiten" ihres Kindes, die es bei der richtigen Erziehung, Förderung und Pflege zeigen kann. Die Eltern fühlen sich schuldig und untauglich. In dieser Situation hat das Kind einen inneren Konflikt: Für die Eltern oder für die Erzieher? Egal wie es sich entscheiden wird, es kann nur zu seinem Nachteil sein. Letztendlich geht der junge Mensch als Leidtragender aus diesem Beziehungsgefüge hervor. Angesichts des Verhaltens der Heimerzieher werden die Eltern sich gegenüber der Mitarbeit versagen bzw. demotiviert reagieren. Wenn Heimerzieher zu wenig über die Lebenswelt der Herkunftsfamilie, deren alltägliche Aufgaben und Probleme sowie Bewältigungsmuster, Werte, Normen und Verhaltensweisen informiert sind, kann es außerdem leicht dazu kommen, dass sie Eltern mit ihren Erwartungen überfordern. Heimerzieher sollten Eltern auf keinen Fall nur auf eine „Zubringer-Rolle" reduzieren, sondern sich allparteilich gegenüber dem gesamten Familiensystem verhalten. Eine zu starke Identifikation der Heimmitarbeiter mit dem jungen Menschen – dem Leidtragenden der familiären „Unzulänglichkeiten" – hat eine zu starke Parteilichkeit zur Folge, welche Rivalitäten zwischen Einrichtung und Familiensystem in besonderem Maße heraufbeschwört (vgl. CONEN 2002: 93 ff.). Die aktive Mitarbeit der Familie im Hilfeprozess ist maßgeblich für dessen Gelingen.

„Bezieht das Heim nicht die Dynamik der Herkunftsfamilie in seine Arbeit ein, so wird diese Dynamik von den Kindern um so stärker über Symptome und Auffälligkeiten in die Einrichtung bzw. Betreuungsarbeit eingebracht. Hier gilt dann die Regel: Werden die Eltern ausgegrenzt, holt das Kind die Eltern bzw. seine Familie herein, sei dies in

Form von Eskalationen oder auch Provokationen von ähnlichen Reaktionsmustern" (CONEN 1992: 13).

Der systemische Ansatz stellt ein hilfreiches Werkzeug für eine qualifizierte Eltern- und Familienarbeit in der Heimerziehung dar (vgl. CONEN 1996: 206). Vor dem Hintergrund der Systemtheorie wird deutlich, dass Heimerziehung ohne eine intensive und partnerschaftliche Zusammenarbeit mit den Herkunftsfamilien keine nachhaltigen Erziehungserfolge für den jungen Menschen schaffen wird. Kehrt er nach dem Heimaufenthalt in ein unverändertes Familiensystem zurück, wird er in alte problembehaftete Verhaltensmuster zurückfallen, die erneut für Schwierigkeiten sorgen. „Nur bei veränderten, neu organisierten Systembedingungen innerhalb der Familie, nur bei einer systematischen Vorbereitung der Rückführung bleiben dem Kind (und auch den Eltern) weitere Enttäuschungen im Zusammenleben erspart" (HANSEN 1999: 1024).

6.2.2 Psychoanalytische Perspektive

Die fachtheoretische Grundlage des psychoanalytischen Begründungsansatzes bildet die FREUDSCHE Psychoanalyse und Neurosenlehre. Die Wissenschaften Pädagogik und Psychologie weisen unter Bezug auf SIGMUND FREUD der (frühen) Kindheit des Menschen eine enorme Bedeutung für seine Persönlichkeitsentwicklung zu. Auch die Bindungstheorie nach JOHN BOWLBY muss in diesem Zusammenhang genannt werden, weil sie die hohe Bedeutung der wechselseitigen Bindungen zwischen Eltern und Kind betont. Die Erfahrungen im Kindesalter bezüglich Struktur, Inhalt und Qualität der Beziehungen zu den primären Bezugspersonen (i.d.R. Mutter und Vater) begleiten einen Menschen ein Leben lang und können so bewusst oder unbewusst Quelle von psychischen Konflikten und Störungen werden (vgl. DREES 1998: 27). „Da eben die Eltern in entscheidender Weise die frühesten Erfahrungen verursachen und prägen, kann eine Verarbeitung psychischer Konflikt- und Problemlagen bei Kindern und Jugendlichen nicht auf den Einbezug der Elternfiguren und -rollen verzichten. Dies bedeutet nun nicht, dass immer mit den Eltern in konkreter Zusammenarbeit die Konflikte zu bearbeiten wären. Es bedeutet jedoch immer, dass mit den betroffenen Kindern und Jugendlichen die Rolle ihrer Eltern bei der Entstehung von Auffälligkeiten und Schwierigkeiten einzubeziehen ist. Somit wäre eine Elternarbeit im Sinne einer Verarbeitung auch dann notwendig und möglich, wenn die Eltern als Ansprechpartner nicht zur Verfügung stehen" (GÜNDER 2007b: 225).

Eine Unterbringung außerhalb der eigenen Familie muss immer als traumatisches Erlebnis im Leben eines Kindes verstanden werden (vgl. GÜNDER 2007b: 226). Diese Trennung stellt auch für die Eltern und weitere Familienmitglieder eine emotionale Belastung dar (vgl. Kap. 8.2.8). Die Herkunftsfamilie bleibt für fremduntergebrachte junge Menschen die zentrale Bezugsgruppe, der sie angehören wollen. Häufig ist dies auch dann noch der Fall, wenn Kindern und Jugendlichen innerhalb der Familie großes Leid zugefügt wurde (Missbrauchs- und Gewalterfahrungen). Die Eltern bleiben trotz räumlicher Abwesenheit für die fremduntergebrachten Minderjährigen ständig psychisch präsent. Diese seelische Verbundenheit beeinflusst das Erleben und Verhalten der Kinder und Jugendlichen. Die jungen Menschen erzeugen in ihrer Phantasie ein Elternbild, das nicht der Realität entspricht. Es kommt häufig zu Idealisierungsprozessen oder zu starker Abwertung der Eltern. „Wenn die Möglichkeit nicht besteht, sich ein klares realistisches Bild über die Herkunftsfamilie zu machen, dann bilden sich bei diesen Kindern zuweilen idealisierte oder zu negativ gefärbte Vorstellungen von den Eltern" (GÜNDER 2007a: 86). Auch die Eltern neigen zu einer Idealisierung ihrer fremduntergebrachten Kinder. Die Idealisierung steigt mit der Abnahme der realen Kontakte zwischen den Familienmitgliedern (vgl. DREES 1998: 27). Der Autor BRÖNNEKE berichtet aus seiner praktischen Tätigkeit: „Vielen Kindern fällt es schwer, sich auf den Alltag im Kinderhaus einzulassen. Sie beschäftigen sich viel mit ihrem ‚Zuhause', bauen sich teilweise in der Phantasie ein Traumbild von ihrer Familie auf und neigen dazu, bei Konflikten in diese Phantasiewelten zu entweichen oder tatsächlich aus dem Kinderhaus zu entlaufen. Eine stärkere Konfrontation mit ihren Familien würde [...] den Kindern helfen sich von ihren ‚Heile-Welt/Heile-Familie Phantasien' zu lösen und sich stärker auf Realitäten (im Kinderhaus und Familie) einzulassen" (BRÖNNEKE 1992: 25). Eine kontinuierliche Eltern- und Familienarbeit hilft dabei, mit den Kindern realistische Elternbilder zu entwerfen.

In der Vergangenheit hat man Eltern- und Familienarbeit bei Jugendlichen häufig vernachlässigt bzw. für nicht notwendig erachtet, da die Unterbringung in einer Einrichtung der stationären Erziehungshilfe fälschlicherweise mit einer inneren Ablösung von den Eltern gleichgesetzt wurde (vgl. CONEN 1990: 247). Eltern- und Familienarbeit wurde besonders deshalb vermindert durchgeführt, weil bei Jugendlichen die Rückkehroption in die Ursprungsfamilie oft sehr gering ausfällt. Gerade in der Entwicklungsphase der Pubertät ist es jedoch besonders

wichtig, sich mit den Normen und Wertvorstellungen der Elterngeneration auseinander zusetzen und so zur eigenen Identität zu finden. Die in dieser Zeit beginnende Ablösungsphase verläuft in allen Familien mit Konflikten. Gerade diese Reibungspunkte im familiären Zusammenleben sind jedoch der Motor für die Herausbildung der eigenen Persönlichkeit der jungen Menschen. Die Ablösung ist ein beidseitiger Prozess, bei dem nicht nur der Jugendliche „Abschied" von seiner Herkunftsfamilie nehmen, sondern auch die Familie den Jugendlichen loslassen muss. Die Auseinandersetzung mit den familiären Wurzeln ist für fremduntergebrachte Jugendliche ebenso wichtig wie für andere junge Menschen, die in ihren Familien leben. Die Beziehungen zwischen fremduntergebrachten Jugendlichen und ihren Eltern bergen i.d.R. enormes Konfliktpotential, welches in vielen Fällen die Ursache für die Unterbringung außerhalb der eigenen Familie bildet. Aufgabe der Eltern- und Familienarbeit ist es dann, die Beziehungen zu klären und zu erhalten, auch wenn kein gemeinsames Zusammenleben möglich ist. Eine Aussöhnung mit der momentanen Situation und den Umständen, die zum Weggang des Jugendlichen aus der Familie führten, soll anvisiert werden. Hat der Jugendliche die Möglichkeit, die Beziehung zu seinen Eltern zu prüfen und sich ein realistisches Bild von ihnen zu machen, können oben genannte Idealisierungstendenzen abgemildert werden (vgl. DREES 1998: 28). Auch auf Seiten der Eltern besteht das Recht und der Wunsch, den Schritt ihres Kindes ins Erwachsenalter zu begleiten und in wichtigen Entscheidungen als Vertrauter zur Seite zu stehen. „Denn gerade in wichtigen Phasen ist es von großer Bedeutung, daß [sic] die Eltern über Maßnahmen informiert und auch in den Entscheidungsprozeß [sic] einbezogen werden. Denn gerade Eltern, die hier sich mangelhaft informiert fühlen, werden zu unberechenbaren Interventionen in den Erziehungsprozeß [sic] des Heimes neigen. Elternarbeit ist deshalb nicht nur bei Kindern, sondern auch bei Jugendlichen und gerade auch bei solchen, die auf das Erwachsenenalter zugehen, dringend indiziert" (PLANUNGSGRUPPE PETRA 1988: 82).
Wird die Sehnsucht der Minderjährigen nach Kontakt zu den Eltern nicht befriedigt, äußert sie sich häufig nach dem Heimaufenthalt darin, dass die Jugendlichen unreflektiert in ihr Herkunftsmilieu zurückkehren (vgl. CONEN 1990: 247). Hinzukommt, dass Jugendliche ohne Elternkontakt nach der Fremdunterbringung – im Gegensatz zu Gleichaltrigen – ganz auf sich allein gestellt sind. Werden Eltern als Ressource erkannt und Beziehungen aufrechterhalten, kann der Jugendliche nach

dem Heimaufenthalt auf ein informelles Netzwerk zurückgreifen (vgl. CONEN 2002: 27).

Der psychoanalytische Ansatz begründet eine Eltern- und Familienarbeit für alle in der stationären Erziehungshilfe untergebrachten Kinder und Jugendlichen. Nicht von Bedeutung ist dabei, ob physische Kontakte zwischen den jungen Menschen und den Eltern bestehen. Werden diese aus den verschiedensten Gründen von einer Seite abgelehnt oder stellt der Kontakt zu den Eltern eine Gefährdung des Kindeswohls dar, sind geeignete Verfahren und Methoden zu finden, um die Eltern-Kind-Beziehung zu thematisieren (vgl. CONEN 2002: 27).

„Ausblenden der Eltern in der pädagogischen Arbeit mit Kindern und Jugendlichen in Heimen hieße, zentrale subjektive Erlebnisbereiche zu ignorieren. Ein Scheitern der pädagogischen Bemühungen wäre vorprogrammiert" (HANSEN 1999: 1024).

HANSEN wies 1994 an Hand einer Studie nach, dass regelmäßige Kontakte zwischen Eltern und jungen Menschen die Persönlichkeitsentwicklung der Kinder und Jugendlichen günstig beeinflussen. Sie sind resilienter[27] im Vergleich zu Kindern ohne Elternkontakte. Dies zeigte sich in ausgeprägterer Selbstkontrolle, geringem Erleben von existenzieller Angst und geringerem Minderwertigkeitserleben (vgl. HANSEN 1994: 220 ff.).

„Es wurde aufgezeigt, dass aus psychoanalytischer Sicht eine Begründung der Elternarbeit für ausnahmslos alle Heimkinder vorhanden ist. Eine Elternarbeit ist mit, aber im speziellen Falle auch ohne Einbezug der Eltern notwendig, weil
- Konflikte und Störungen der Persönlichkeit oft ihren Ursprung in der frühen Kindheit, im Eltern-Kind-Verhältnis haben.
- Die Ursehnsucht aller Kinder nach Geborgenheit und Liebe infolge der Trennung von den Eltern unerfüllt bleibt und dies die weitere Entwicklung gefährden kann,
- Das Kind sich als Jugendliche(r) ablösen können muss, soll die Ausbildung einer selbstständigen Persönlichkeit nicht behindert werden.
- Dazu müssen fehlende oder ungünstige Bindungsverhältnisse aufgearbeitet werden" (GÜNDER 2007b: 228 f.).

---

27 „Resilienz wird als die Fähigkeit verstanden, mit Belastungen umgehen zu können und sich trotz vorhandener Risikofaktoren gesund und positiv zu entwickeln" (GRAGERT & SECKINGER 2007: 120).

6.3 Ökonomische Begründung

In den vorangegangenen Kapiteln wurde Eltern- und Familienarbeit in der Heimerziehung aus pädagogisch-psychologischer Sicht begründet. Besonders aus sozialpolitischer Sicht ist jedoch die wirtschaftliche Perspektive der Eltern- und Familienarbeit interessant. Wie bereits in Kapitel 4.1 angedeutet, stellt die Heimerziehung die teuerste Erziehungshilfe dar. Aus diesem Grund wird von ihr seit einiger Zeit verlangt, ihre Angemessenheit und Professionalität gegenüber anderen Hilfeformen zu legitimieren. Die öffentliche Jugendhilfe verspricht sich von einer intensiven Zusammenarbeit mit den Herkunftsfamilien eine Verkürzung der Unterbringungszeiten und somit einer Verminderung von Unterbringungskosten. Heimaufenthalte sollen nur noch kurz- und mittelfristige Hilfemaßnahmen darstellen und nicht mehr langfristig geplante Lebensorte sein. „In neuerer Zeit, so hört man, hat die Rückkehrperspektive Hochkonjunktur. Dies wäre an sich durchaus zu akzeptieren, wenn diese Konjunktur die Folge fachlich begründeter Prognoseentscheidungen und darauf basierender Elternarbeit wäre. Indes gewinnt man den Eindruck, dass der eigentliche Grund ein fiskalischer ist, es also in erster Linie darum gehen soll, die Hilfe aus Kostengründen so schnell wie möglich zu beenden" (WIESNER 2004: 87). Sicherlich sind derartige Effekte einer intensiven Eltern- und Familienarbeit nicht von der Hand zu weisen; erhältlich sind sie allerdings nicht zum Nulltarif. Sollen Einrichtungen neben der alltäglichen pädagogischen Arbeit mit dem Kind auch eine qualifizierte Arbeit mit den Herkunftseltern leisten, ist entsprechend ausgebildetes und ausreichend vorhandenes Personal nötig sowie zeitliche und räumliche Ressourcen. Der erhoffte Spareffekt scheint auszubleiben. Zweifel an Einsparungen ergeben sich auch daraus, dass Eltern- und Familienarbeit mehr als nur die schnelle Reintegration ins Elternhaus anstrebt. Eltern- und Familienarbeit kann auch dazu führen, dass Perspektiven geklärt werden und junge Menschen und Eltern sich voneinander lösen können (vgl. CONEN 2002: 147). Leider scheinen auch die Erwartungen der öffentlichen Jugendhilfeträger an die Heimerziehung zu hoch. Gefährlich wird es aus pädagogischer Sicht, wenn junge Menschen übereilt in noch nicht genügend vorbereitete und kompetente Elternhäuser zurückgegeben werden (vgl. WIESNER 2004: 87). „Nicht unproblematisch sind dabei teilweise hohe oder überhöhte Zieldefinitionen hinsichtlich der Entwicklungsschritte von Kindern oder Jugendlichen, die in Hilfeplänen formuliert werden und die zumindest partiell nicht in den knappen Zeitvorgaben einlösbar erscheinen" (GRAßL & WELLESSEN 2004: 116). Eine verfrühte und scheiternde

Rückführung ist letztendlich kostenintensiver, da davon ausgegangen werden muss, dass diese Situation aufgrund der massiven Enttäuschung und Frustration erneuter (und noch intensiverer, sprich teurerer) Hilfe bedarf.

7 Zielstellungen von Eltern- und Familienarbeit

Eltern- und Familienarbeit in der Heimerziehung verfolgt primär Ziele, die im Interesse der Entwicklung der jungen Menschen liegen (vgl. GÜNDER 2007a: 78). Da es jedoch immer auch dem jungen Menschen nutzt, wenn Probleme auf der Elternebene oder das gesamte Familiensystem betreffend, bearbeitet werden, zielt Eltern- und Familienarbeit in zwei Richtungen: zum einen konkret auf den einzelnen jungen Menschen und zum anderen auf den jungen Menschen als Teil des Familiensystems. Dies soll an zwei Beispielen aus der Praxis der Sozialpädagogischen Wohngruppe Weidig des Erziehungshilfevereins Göltzschtal e.V. verdeutlicht werden:

Die Bezugserzieherin Frau M. erstellt in der Einzelbetreuung gemeinsam mit Oliver (12 Jahre) eine VIP-Karte mit seinen wichtigsten Bezugspersonen. Besonders intensiv sprechen beide dabei über Olivers Beziehung zu seiner Mutter und dem getrennt lebenden Vater.

Am Besuchstag wendet sich Olivers Mutter ratsuchend an die Bezugserzieherin Frau M. Da Olivers Mutter aufgrund ausstehender Zahlungen seit einiger Zeit keinen Strom in ihrer Wohnung hat, kann Oliver schon lange nicht mehr an den Wochenenden zu ihr beurlaubt werden. Frau M. verfasst mit Olivers Mutter einen Brief an die Arge, da es auch in Olivers Interesse ist, wenn seine Mutter wieder mit Elektrizität versorgt ist und Oliver angemessen in der mütterlichen Wohnung betreut werden kann.

Beide Beispiele zeigen, dass die Zusammenarbeit mit der Herkunftsfamilie immer den jungen Menschen in den Fokus nimmt, „[...] also des Kindes wegen erfolgt, und nicht die Probleme und Sorgen der Eltern im Zentrum stehen" (GRAßL & WELLESSEN 2004: 116).

Generell verfolgt Eltern- und Familienarbeit das Ziel, für das Kind und alle anderen Familienmitglieder positive Entwicklungsbedingungen innerhalb des Familiensystems zu schaffen. „Die Arbeit mit Eltern hat zur Aufgabe, die für Kinder und Eltern negativen Entwicklungsbedingungen zu beseitigen und tragfähige positive Gefüge zu schaffen, so daß[sic] im optimalen Fall nach einem zeitlich begrenzten Heimaufenthalt die Reintegration in die Familie bzw. die Ablösung vom Elternhaus möglich ist" (DREES 1998: 80).

Neben der Vorbereitung einer erfolgreichen Rückführung ins Elternhaus verfolgt Eltern- undFamilienarbeit im Rahmen stationärer Erziehungshilfe weitere Ziele:

- Verbesserung der Beziehungen innerhalb der Familie,

- Klärung der Beziehung zwischen Eltern und Kind,
- Aufarbeitung der Beziehungsprobleme zwischen den Eltern,
- konkrete Unterstützung der Familie bei Problemen des täglichen Lebens,
- Vor- und Nachbereitung von Beurlaubungen des Kindes zu den Eltern,
- Akzeptanz der Eltern gegenüber der aktuellen Situation,
- Aufarbeitung der Ursachen für die Heimunterbringung,
- Stärkung der Erziehungskompetenz der Eltern,
- Bearbeitung von Schuld- und Versagensgefühlen,
- Eltern zur Mitarbeit motivieren,
- therapeutische Prozesse einleiten,
- Verselbständigung initiieren,
- Orientierungen für das eigene Leben geben,
- Trennungserfahrung verarbeiten (vgl. CONEN 1990: 248 f.; VERB. KATH. EINRICHTUNGEN 1989: 9)

Unabhängig davon, ob Rückführung in die Familie oder längerfristiger Aufenthalt im Heim angezeigt ist, gilt: „Ziel der Elternarbeit ist, die Herkunftseltern zu befähigen, in ihrer Rolle als Eltern auch unter veränderten Rahmenbedingungen die Entwicklung ihres Kindes im Heim [...] positiv und verantwortlich zu unterstützen und zu begleiten" (FALTERMEIER 2004: 54).

8 Methodisches Arbeiten in der Eltern- und Familienarbeit

In der Praxis ergeben sich vielfältige Möglichkeiten zur Ausgestaltung der Eltern- und Familienarbeit in Einrichtungen der stationären Erziehungshilfe. Aufgrund der unterschiedlichen Zielstellungen der Zusammenarbeit mit Eltern und Familien ist ein methodenplurales Vorgehen angezeigt. „Angesichts der heterogenen Zusammensetzung der betreuten Kinder bzw. Jugendlichen und deren Herkunftsfamilien sowie der Komplexität von Aufgaben, Zielsetzungen und Problemen in der Elternarbeit, kann es nicht darum gehen, *die* Methode in der Elternarbeit zu entwickeln oder darzulegen" (CONEN 1990: 249).

Vor dem Hintergrund der zahlreichen Ausgestaltungsmöglichkeiten des § 34 SGB VIII (vgl. Kap. 4.1) muss jede Einrichtung ihre eigene Konzeption für die Eltern- und Familienarbeit entwickeln. Dabei müssen die einrichtungsspezifischen Gegebenheiten berücksichtigt werden. So ist die Konzeption unter anderem abzustimmen auf die historische Entwicklung der Einrichtung, die Personalsituation und Qualifikation der Mitarbeiter, die finanzielle und rechtliche Situation, die räumlichen Bedingungen, Einzugsbereiche/Jugendamtskontakte, die Zusammensetzung des Adressatenkreises, die Trägerschaft etc. (vgl. Conen 2002: 44). „Nur unter weitgehender Berücksichtigung dieser Aspekte ist es möglich Elternarbeitsmodelle zu entwickeln, die nicht nur auf dem Papier stehen, sondern von allen Beteiligten getragen werden" (CONEN 1990: 249).

Der Methodenpool in der heutigen Eltern- und Familienarbeit hat sich innerhalb der letzten 40 Jahre herausgebildet, differenziert und etabliert. Einige Methoden existieren im Arbeitsfeld der Heimerziehung schon länger; andere kamen erst in jüngerer Zeit hinzu. Auch Elemente aus anderen wissenschaftlichen Disziplinen und Professionen hielten Einzug in die Eltern- und Familienarbeit von stationären Erziehungshilfeeinrichtungen. Neben originär sozialpädagogischen Methoden kamen (in modifizierter Art und Weise) auch Methoden aus der Erwachsenenbildung sowie aus dem therapeutischen Bereich dazu (vgl. CONEN 1990: 249; BRÖNNEKE 1992: 26).

Trotz vielfältiger methodischer Ansätze kommt es aber vor, dass Eltern nicht zu erreichen sind oder unmotiviert in Bezug auf eine Zusammenarbeit mit dem Heim erscheinen. Einige Autoren kommen deshalb zu der Schlussfolgerung, dass neben fachlicher Handlungskompetenz vor allem die wertschätzende und akzeptierende Grundhaltung den Eltern gegenüber von enormer Bedeutung ist, um partnerschaftlich mit Familien zusammen zu arbeiten. „Um die unterschiedlichen Bedürfnisse der Eltern bzw. Familien berücksichtigen zu können, sollte zwar ein differenziertes methodisches Angebot zur Verfügung stehen, ausschlaggebender ist aber, ob die Mitarbeiter über eine entsprechende Haltung gegenüber den Eltern und auch den betreuten Kindern verfügen. Wenn in einer Einrichtung die Mitarbeiter eher zurückhaltend, skeptisch und gar ablehnend gegenüber den Eltern sind, so kann sich dieses Heim noch so sehr methodisch engagieren und viele Angebote den Eltern und Kindern machen, aber wenig erfolgreich bei der Elternarbeit sein" (CONEN 2002: 44 f.).

In ihrer Anwendung müssen methodische Bausteine von Eltern- und Familienarbeit auf die Bedürfnisse und Voraussetzungen des Adressatenkreises abgestimmt werden. Wie in Kapitel 4.3 ersichtlich wurde, stammen viele Kinder und Jugendliche aus sozialstrukturell benachteiligten Familien. Diese Familien sind weniger über Beratung und Therapie zu erreichen, als über konkretes Tun und Bewältigung von Alltagsproblemen. Situationen, die gemeinsames Erleben und rasche Verbesserungen der Lebenssituation möglich machen und somit zur Vertrauensbildung beitragen, lassen sich gleichsam als „Vehikel" nutzen, um andere, tiefergehende Thematiken zu bearbeiten (vgl. DREES 1998: 93 ff., SCHWING & FRYSZER 2007: 156).

Nachfolgend sollen methodische Ansätze, die im Rahmen der Eltern- und Familienarbeit Anwendung finden können, vorgestellt werden. Einige der genannten methodischen Bausteine finden in der Eltern- und Familienarbeitspraxis häufig noch wenig Beachtung (vgl. GÜNDER 2007a: 80). Ihre Implementierung gilt es in Zukunft noch voran zu treiben. In diesem Zusammenhang soll ein Phasenmodell für Eltern- und Familienarbeit in der Heimerziehung dargestellt werden, welches aus Sicht des Verfasser der vorliegenden Arbeit zum Standardrepertoire jeder Einrichtung nach § 34 SGB VIII gehören sollte. Das Modell bildet einen idealtypischen Verlauf der Zusammenarbeit mit Eltern und Familien ab und kann die komplexen sozialen Wirklichkeiten, mit denen Fachkräfte im pädagogischen Alltag konfrontiert sind, nur anreißen. Die einzelnen Phasen sind in der Praxis fließend miteinander verbunden und greifen ineinander.
In der aktuellen Fachliteratur wird betont, dass Eltern- und Familienarbeit nicht auf die Phase des Heimaufenthaltes reduziert werden darf (vgl. MOOS & SCHMUTZ 2006: 67 ff.). Der Grundstein für eine gelingende Zusammenarbeit mit den Herkunftsfamilien wird bereits im

Vorfeld der Heimaufnahme gelegt. Von hoher Bedeutung ist außerdem die Nachbetreuung der Familie nach Rückführung eines jungen Menschen.

8.1 Phase I –Eltern- und Familienarbeit im Vorfeld der Heimaufnahme

Die Trennung der Familie und die Unterbringung eines jungen Menschen in einer Einrichtung der stationären Erziehungshilfe stellt für die gesamte Familie ein kritisches Lebensereignis dar. Deshalb muss die Fremdunterbringung möglichst langfristig vorbereitet werden. Je besser die Aufnahme in eine stationäre Erziehungshilfeeinrichtung vorbereitet wurde, umso leichter gestaltet sich der Umgang mit der neuen Situation. „Je nach dem, ob die Unterbringung kurzfristig (evtl. auch im Zwangskontext) realisiert werden muss oder ob es sich um eine bereits sich länger anbahnende Entscheidung handelt, entstehen unterschiedliche Handlungsoptionen. Wann immer es möglich ist, sollte Zeit zur Gestaltung des Übergangs genommen werden, so dass eine Vorbereitung sowohl der Eltern als auch der Jungen und Mädchen möglich wird" (MOOS & SCHMUTZ 2006: 68).

Bereits der erste Kontakt zwischen Familie und Einrichtung markiert den Beginn der Eltern- und Familienarbeit einer stationären Erziehungshilfeeinrichtung (vgl. CONEN 2002: 79). Von diesem Zeitpunkt an bis zum Tag der Aufnahme sollten bereits mehrere Vorgespräche/ Vorbereitungsgespräche mit der Familie stattgefunden haben, da sie die Weichen stellen für die weitere Eltern- und Familienarbeit im Verlauf der Heimerziehung.
In diesen Vorgesprächen muss die Sicht der Familie auf die Fremdunterbringung thematisiert werden. Zu klärende Fragen sind unter anderem: Welche Gründe für die Herauslösung des Kindes sieht die Familie? Welche Bedeutung hat die Fremdunterbringung für die Eltern und die Geschwister? Welche Erwartungen haben die Eltern an die Heimerziehung? Welche Gefühle und Ängste verbinden die Familienmitglieder mit der Fremdunterbringung (vgl. CONEN 2002: 80)? Die Entscheidung für die institutionelle Fremdunterbringung außerhalb der Herkunftsfamilie löst in den Beteiligten meist starke Emotionen aus, die von Scham- und Schuldgefühlen über Trennungsschmerz bis zu Angst reichen können. Der Abschied von der Vertrautheit des familiären Milieus und der Übergang in einen neuen, unbekannten Lebensort birgt viele Unsicherheiten. Können die Beteiligten die Gründe

und Umstände, die zu der Heimunterbringung geführt haben nachvollziehen, so ist der Weg dazu geebnet, dass die Familie die Entscheidung mittragen kann und ihre Mitarbeit im Verlauf der Hilfe anbietet. „Erleichtert werden kann der Wechsel durch eine sorgfältige Auseinandersetzung mit den Gründen, die zur Entscheidung der Unterbringung geführt haben. Für alle Beteiligten ist der Schritt einfacher, wenn die Gründe nachvollzogen werden können und ein Einlassen auf die Hilfe möglich wird" (CONEN 2002: 68).

Im Laufe der Gespräche zwischen Mitarbeitern der Einrichtung und der Familie erfolgt eine ausführliche Eingangsdiagnostik und Ressourcenanalyse, mit deren Hilfe die Bedingungsgefüge innerhalb des Familiensystems und seine inhärenten Potentiale erkennbar werden. Methodisch bieten sich zu diesem Zweck Hausbesuche bei der Familie an, um den bisherigen Lebensraum des Kindes kennen zu lernen. Anstatt bloße Daten und Fakten zu erfragen, sollte sich ein Gespräch entwickeln, dass die Familiengeschichte anerkennt und wertschätzt. „Das Abfragen von Fakten, das noch immer sehr in Erstgesprächen verbreitet ist, muß [sic] ersetzt werden, durch ein Gespräch, in dem die Vergangenheit und die Gegenwart der Familie Thema sind" (CONEN 2002: 85).
Gemeinsam mit der Familie sollten an dieser Stelle auch Überlegungen unternommen werden, in wieweit das gesamte Familiensystem zur Fremdunterbringung beigetragen hat. Mitarbeiter der Einrichtung sollten sich diesen Themen aus systemischer Perspektive nähern, die das auffällige Verhalten des jungen Menschen immer im Kontext der familiären Strukturen und Interaktionen versteht. „So wurde betont, dass im Rahmen der Eingangsdiagnostik verstärkt auf das gesamte Familiensystem fokussiert wird und stärker als zuvor auf die familialen Interaktionen im gesamten Beziehungsgefüge und die jeweiligen Bedeutungszuschreibungen der einzelnen Familienmitglieder geachtet wird" (MOOS & SCHMUTZ 2006: 69). In diesem Zusammenhang sollte auch in den Fokus rücken, was in der Familie bisher gut gelang: Welche Kompetenzen der Alltagsgestaltung und Lebensbewältigung vorhanden sind, welche Fähigkeiten die Eltern bezüglich der Erziehungspraxis haben und welche Ressourcen innerhalb der Familie und im sozialen Umfeld zu finden sind. Außerdem müssen bisherige Lösungsversuche für das Problem erfragt und gewürdigt werden. Die Eltern liefern als „Experten" für ihre Kinder wichtige Informationen für die Diagnose und anschließende Hypothesenbildung zu Problementstehungsgeschichten und Verstrickungen innerhalb des familiä-

ren Systems (vgl. MOOS & SCHMUTZ 2006: 70). Als Techniken zur Anamnese und Diagnose bieten sich ganz besonders das Genogramm, der Zeitstrahl, das Familienbrett und die Netzwerk-/VIP-Karte an, mit deren Hilfe Mitarbeiter ins Gespräch mit der Familie kommen können und durch die sich Bedingungen innerhalb der Herkunftsfamilie graphisch darstellen lassen.

Die während der Diagnostik und Ressourcenanalyse herausgearbeiteten Informationen bestimmen die weiteren Ansätze zum Einbezug der Familie während der Heimerziehung.

Ist die Geschichte der Familie und des Problems exploriert, erfolgt die Auftragsklärung, d.h. die Formulierung der Erwartungen der Eltern an das Heim und umgekehrt. Wichtige Fragen sind in dieser Phase: Was soll die Heimerziehung im günstigsten Fall bewirken? Was sollten die Mitarbeiter tun, was besser lassen? Die Aufgaben der Familie und der Heimmitarbeiter während der Zeit der Fremdunterbringung müssen besprochen und deutlich gemacht werden. „Im Erstgespräch ermitteln Heimmitarbeiter gemeinsam mit der Familie, welche Aufgaben Heimmitarbeiter und Familie übernehmen werden, so daß [sic] am Ende des Erstgespräches deutlich ist, welchen Erziehungsauftrag das Heim wahrnehmen soll" (CONEN 2002: 84). Auf der Basis der gesammelten Informationen und Hypothesen zur Problemgenese muss die Familie auch darüber informiert werden, in wieweit sich Interventionen auf das gesamte Familiensystem und damit auch auf die Familienmitglieder zu Hause beziehen werden. Erörtert werden muss dann, wo die Familie sich konkrete Unterstützung wünscht bzw. wo sie sie zulassen kann. Durch die Mitarbeiter der Einrichtung muss dabei aber stets betont werden, dass die Erziehungsverantwortung weiterhin bei den Eltern liegt. Sie erhalten Unterstützung durch die Mitarbeiter in den Bereichen, wo die Ressourcen der Familie noch nicht ausreichen. „Während des Erstgespräches sollte immer wieder auf die weiter bestehende Verantwortung der Eltern bzw. der gesamten Familie für das untergebrachte Kind hingewiesen und diese ggfs. [sic] verstärkt werden. Die Betonung der weiteren Verantwortung bei den Eltern stellt eine wichtige Möglichkeit dar, der oftmals im Vorfeld getroffenen Positionszuschreibung der Eltern als ‚unverantwortlich' und ‚verantwortungslos' zu begegnen" (CONEN 2002: 84). Wie hier deutlich wird, ist seitens der Heimmitarbeiter ganz besonders darauf zu achten, Schuldzuweisungen und unterschwellige Anklagen zu vermeiden.

Klare Vereinbarungen zwischen Eltern und Heimmitarbeitern sind für die Zeit der Fremdunterbringung ebenso unerlässlich wie die Aufstellung spezifischer, überprüfbarer Ziele für die Heimerziehung. Auch

über eine zeitliche Begrenzung der Hilfe und mögliche Rückkehroptionen zur Familie muss im Vorfeld der Aufnahme gesprochen werden. „Die Vereinbarungen, die zum Zeitpunkt der Unterbringung beschlossen werden, sollten, neben den spezifischen Zielen und Aufgaben sowohl der Einrichtung als auch der Familie, auch eine zeitliche Begrenzung beinhalten. Anhand solcher Vereinbarungen verdeutlicht das Heim auch, daß [sic] es eine akzeptierende und respektierende Haltung gegenüber den Familien hat" (CONEN 2002: 82).
Die Motivation der Eltern zu einer engen Zusammenarbeit mit der Einrichtung während der Zeit der Fremdunterbringung ihres Kindes darf häufig nicht vorausgesetzt werden, sondern muss in vielen Fällen erst erarbeitet werden. Im Rahmen der Vorgespräche sollte deshalb auch die Motivation der Eltern thematisiert werden. „Oft wird im Vorstellungsgespräch – so weit eines stattfindet – deutlich, wie sehr die Vorstellungen des Heimes bzw. des Jugendamtes und die Bereitschaft und Möglichkeit zur Zusammenarbeit auf Seiten der Eltern auseinanderklaffen" (CONEN 2002: 80). Aufgabe der Eltern- und Familienarbeit ist es dann, durch motivierende Gesprächsführung die Chancen der Heimunterbringung für ein gelingenderes Familienleben in der Zukunft herauszustellen. „In den Gesprächen sollte die Familie von einem möglichen Konzentrieren auf die Vergangenheit und auf ‚alte Fehler' weggeführt werden, so daß [sic] sie stärker auf die Zukunft und deren Chancen hin orientiert ist" (CONEN 2002: 84). Hilfreich ist es auch, der Familie zu erklären, dass auch den Erziehern im Umgang mit den jungen Menschen Grenzen gesetzt sind. Heimmitarbeiter sollten deshalb „[...] die Erfahrung einbringen, es nicht besser zu können als die Eltern, und daher die Eltern bei Konflikten um Unterstützung bitten" (CONEN 2007: 67). Den Eltern sollte ebenfalls vermittelt werden, dass sie auch während der Fremdunterbringung weiterhin ihren Elternstatus wahren und dass sich die jungen Menschen nur von den Fachkräften erziehen lassen, wenn die Eltern ihnen das Mandat dazu verleihen (vgl. CONEN 2007: 67).
Über vorherige Besuche in der Einrichtung kann die Familie die Bewohner, Mitarbeiter und Abläufe der zukünftigen Wohnstätte ihres Kindes kennen lernen. Dazu bieten sich informell gestaltete Kontakte, z. B. in Form eines „Kaffeetrinkens" in der Einrichtung an, die mit einer Führung durch das Haus abgerundet werden können. Auf diese Weise lassen sich sehr einfach Kontakte zwischen Mitarbeitern und Familie knüpfen. Über das Teilnehmen am Leben in der Gruppe kann auch das Kind bereits die anderen Kinder kennen lernen und die Familie kann sich ein Bild vom Alltag in der Einrichtung machen. „Die

Eltern können während des ersten Besuchs ihre Vorstellungen vom Heim überprüfen" (CONEN 2002: 83). Ein Angebot zum besseren Einleben in der Einrichtung kann über bloße Besuche im Heim hinaus auch das Probewohnen des jungen Menschen in der Einrichtung sein. Die Erprobung der häuslichen Situation ohne Kind und das Ausprobieren von Besuchen durch die Familie wird im Anschluss mit Mitarbeitern der Einrichtung reflektiert und nachbereitet.

Ist in der Vorbereitungsphase der Fremdunterbringung der Punkt der konkreten Vorbereitung des Umzugs erreicht, muss die Familie sich intensiv physisch und psychisch mit der anstehenden Situation auseinandersetzen. In der gefühlsmäßigen Aufbereitung des Geschehens können die Mitarbeiter gemeinsam mit der Familie den Moment „vorausphantasieren", wenn das Kind aus der Familie geht. Dabei sind folgende Fragen hilfreich: Wie sieht es für jedes einzelne Familienmitglied aus, wenn der junge Mensch in der Einrichtung lebt? Was genau ist dann anders? Wie sehen Besuche im Heim und zu Hause bei der Familie aus? Wer vermisst das Kind am meisten (vgl. CONEN 2002: 83)? Die physische Auseinandersetzung mit dem Auszug des jungen Menschen beinhaltet das gemeinsame Packen der Sachen und das Einkaufen neuer Kleidung, falls erforderlich. Die Eltern können durch die Mitarbeiter auch zu einem Ritual angeregt werden, der den Übergang des Kindes aus der Familie in die Einrichtung als Abschiedsfeier im alten Zuhause erleben lässt (vgl. CONEN 2002: 83). Bei Unsicherheiten zu diesen Themen können sich die Eltern jederzeit an die Mitarbeiter der Einrichtung wenden, von ihnen angeleitet und ermutigt werden.

Am konkreten Tag der Aufnahme sollte möglichst die gesamte Familie in die Einrichtung kommen, wo sie der Bezugserzieher oder eine andere bekannte Person aus der Einrichtung in Empfang nimmt (vgl. CONEN 2002: 83 f.). Das Kind kann dann gemeinsam mit seiner Familie sein Zimmer beziehen, seine Sachen in die Schränke einräumen und seinen neuen Aufenthaltsort mit liebgewonnenen Dingen dekorieren und ausgestalten. Wenn die Familie sich verabschiedet und die Einrichtung verlässt, sollte die Situation durch einen Mitarbeiter begleitet werden, der ggf. vermitteln und trösten kann.

Die oben erläuterten methodischen Ansätze können nicht losgelöst von einer entsprechenden Haltung und spezifischem fachlichen Erkenntnisinteresse durch die Mitarbeiter angewendet werden. Die vorgestellten Methoden der sozialpädagogischen Diagnostik stellen zudem immer eine Momentaufnahme dar, die der subjektiven Wahrnehmung der Beteiligten entspringt. Daraus schlussfolgernd können sich Problembeschreibungen und Sichtweisen ständig verändern, was auch impliziert, dass Anamnese und Diagnostik nie abgeschlossen sind (vgl. MOOS & SCHMUTZ 2006: 72).

8.2 Phase II – Eltern- und Familienarbeit während der Fremdunterbringung

Während der Fremdunterbringung eines jungen Menschen in einer stationären Erziehungshilfeeinrichtung ergeben sich eine Vielzahl von Kontaktmöglichkeiten und Gelegenheiten der Zusammenarbeit zwischen den Mitgliedern der Herkunftsfamilie und den Fachkräften der Einrichtung. Durch die Verbreitung von modernen Kommunikationsmedien und auch durch die Zunahme der sozialraumnahen Unterbringung von Kindern und Jugendlichen kann man von einem quantitativen Anstieg der Kontakte zwischen den abgebenden Familien, fremduntergebrachten Kindern und Jugendlichen und den in stationären Einrichtungen tätigem Erziehungspersonal ausgehen.

8.2.1 Informelle Kontakte

Durch die sozialraumnahe Unterbringung von jungen Menschen ergeben sich immer wieder spontane und ungeplante Begegnungen zwischen ihnen, ihren Familien und den Heimmitarbeitern. So gibt es z. B. bei Einkäufen, Arztbesuchen, Behördengängen, beim Spazieren gehen oder Festen und Veranstaltungen im Stadtteil immer wieder Gelegenheiten, unverhofft aufeinander zu treffen. Häufig ergeben sich dann kurze Gespräche über Alltägliches, die wenn auch eher beiläufig, das Verhältnis zwischen Eltern und Erziehern festigen und Vertrauen aufbauen.

Nicht selten nehmen Eltern außerdem – häufig in nicht nur kindbezogenen Krisensituationen – telefonischen Kontakt mit den Einrichtungen auf. Dies geschieht u.a. zu unüblichen Tageszeiten (abends, an Wochenenden). Die anrufenden Eltern erhoffen sich in diesem Zusammenhang weniger Tipps und konkrete Hinweise (Beratung) zum Umgang mit der problematischen Lebenssituation, sondern eher einen Ansprechpartner oder ein „offenes Ohr".

Es drängt sich der Verdacht auf, dass gerade diese informellen Kontakte für die Herkunftseltern von besonderer Wichtigkeit sind. Sie vermitteln Interesse an der Lebenssituation der Familie, bauen Ängste vor der Institution und den in ihr tätigen Fachkräften ab und ermöglichen einen Beziehungsaufbau. Diese impliziten Methoden der Eltern- und

Familienarbeit dürfen im Kontext der Heimerziehung hinsichtlich ihres Potentials nicht verkannt werden. „Diese Angebote führen zu einer wesentlichen Verbesserung des Klimas der Zusammenarbeit zwischen den Eltern und den Mitarbeitern des Heimes und wirken sich deshalb auch direkt stützend und stabilisierend auf die erzieherische Arbeit in der Gruppe aus" (DREES 1998: 81). Sie sind in der Regel der Schlüssel zu intensiveren Methoden der Eltern- und Familienarbeit. Gerade das Handeln in der Spontaneität der Situation erfordert von den Fachkräften berufliche Handlungskompetenz und eine fachliche Grundhaltung gegenüber den Familien, die von Akzeptanz und Wertschätzung geprägt ist.

8.2.2 Telefonische und schriftliche Kontakte

Regelmäßige Telefonkontakte zwischen den Eltern und dem pädagogischen Personal stellen eine relativ einfache Möglichkeit dar, Verbindung zu halten und Informationen auszutauschen. Diese sollten ritualisiert stattfinden und einen festen Platz im Wochengeschehen haben. Den Eltern wird dadurch das Gefühl gegeben, dass ihr Kind in guten Händen ist, dass sie für die Entwicklung ihres Kindes wichtig sind und es wird von Seiten der Einrichtung signalisiert, dass auch die Lebenssituation der Familie von Interesse ist. Der telefonische Kontakt zu den Eltern sollte nicht nur bei Vorkommnissen gesucht werden, sondern sollte nicht anlassbezogen sein und einen Standard im Rahmen der Eltern- und Familienarbeit darstellen (vgl. MOOS & SCHMUTZ 2006: 74; CONEN 2002: 48). Aufgrund schlechter ökonomischer Situationen ist es vielen Eltern nicht möglich, in der Einrichtung anzurufen („Kein Geld auf der Karte"). Die Erzieher sollten dies nicht als Desinteresse am Kind interpretieren, sondern sollten von ihrer Seite aus aktiv werden und den Kontakt zur Familie suchen.

Eine weitere Möglichkeit der Kontaktpflege und des Informationsaustausch stellen schriftliche Mitteilungen dar. Diese können an alle Familien gerichtet sein und werden häufig zur Verbreitung von allgemeinen Informationen, organisatorischen Hinweisen und Berichten über Aktivitäten genutzt. Ein typisches Beispiel stellen Einladungen zu Festen und Veranstaltungen der Einrichtung dar (vgl. CONEN 2002: 48). Exemplarisch dafür wurden Einladungen der Sozialpädagogischen Wohngruppe des Erziehungshilfevereins Göltzschtal e.V. den Anlagen beigefügt (siehe Anlage 2).

Durch gezielte briefliche Kontakte haben Heimmitarbeiter die Möglichkeit, einzelnen Eltern persönliche Informationen und Dokumente zukommen zu lassen (vgl. CONEN 2002: 48). Dazu gehören Zeugnisse, Gutachten, Entwicklungsberichte, aber auch Bilder und persönliche Briefe der jungen Menschen. In neuerer Zeit kann in diesem Zusammenhang das Medium Internet/Email als unkomplizierter Weg von Informationen genutzt werden. Insbesondere bei seltenen Kontakten und Aussetzung von Kontakten/Kontaktsperren sind die Eltern auf schriftlichem Wege ausreichend zu informieren und an der Entwicklung ihres Kindes zu beteiligen.

Eine weitere Gelegenheit, Eltern Informationen über den momentanen Lebensort ihres Kindes zukommen zu lassen, sind (von den Bewohner und Fachkräften gestaltete) Heimzeitungen (vgl. CONEN 2002: 48 f.). Gleichzeitig eignet sich eine Heimzeitung hervorragend zur Öffentlichkeitsarbeit, da über dieses Medium ein größerer Adressatenkreis (Nachbarschaft, Freunde, Sponsoren, Jugendämter) erreicht werden kann.

Die oben genannte Methoden stellen eher einen indirekten Kontakt zwischen den Beteiligten dar. Im weiteren Verlauf sollen nun direkte (face-to-face) Kontakte in den Fokus der Betrachtung rücken.

8.2.3 Besuche der Familien in der Einrichtung

Persönliche und direkte Kontakte zwischen Mitgliedern des Herkunftssystems und Fachkräften aus der Einrichtung entstehen überwiegend dann,[28] wenn die Familienmitglieder den Weg in die Einrichtung suchen. In der Vergangenheit wurden Eltern eher als Störfaktoren betrachtet, „[...] deren Besuche man eher in kontrollierte Bahnen lenkt, sei es, daß [sic] man ihnen nur Besuche in weiträumigen Abständen erlaubt oder sie sogar mit Besuchsverboten belegt. Damit wird eine Haltung gegenüber den Eltern deutlich, die diese eher aus dem Erziehungsalltag ausgeschlossen sehen möchte." (CONEN 2002: 52). Wie in Kapitel 3 gezeigt, hat sich in diesem Zusammenhang ein fachlicher Paradigmenwechsel vollzogen. Die Heime wurden mehr und mehr geöffnet und es erfolgte eine Hereinnahme der Mitglieder der Herkunftsfamilie und deren Integration in die erzieherische Arbeit der stationären Einrichtung. Wie bereits angedeutet ist jedoch zu vermuten, dass die Umsetzung des neuen fachlichen Standards vielerorts noch Probleme

---

28 Empirisches Material zur Besuchshäufigkeit findet man bei NIEDERBERGER (vgl. NIEDERBERGER 1997: 184 f.).

bereitet. Das Beteiligen der Eltern am Sozialisationsprozess im Heim darf keineswegs als konfliktarmes Unterfangen verstanden werden. „Man muß [sic] freilich anmerken, daß [sic] Elternarbeit nicht nur Probleme löst, sondern manchmal auch Probleme aufwirbeln kann. So kann natürlich gerade durch den Kontakt mit den Eltern ein Konflikt entstehen, der nicht entstanden wäre, wenn man sie ignoriert hätte" (PLANUNGSGRUPPE PETRA 1988: 83). An dieser Stelle bietet es sich an, der Auseinandersetzung einen positiven Rahmen zu geben und sie als Ausgangspunkt für Veränderungen zu sehen.

Im Laufe eines Jahres bieten sich viele Möglichkeiten für die Familienmitglieder von fremduntergebrachten jungen Menschen die stationäre Erziehungshilfeeinrichtung zu besuchen. Die Einrichtung kann die Familien der Kinder und Jugendlichen besonders zu Festen und Feiern im Jahreslauf, aber auch zu einrichtungseigenen Veranstaltungen einladen: Geburtstage, Schulanfang, Konfirmation/Jugendweihe, Sommerfest, Weihnachtsfeier, Jubiläen, Tag der offenen Tür usw.
Der i.d.R. angenehme Rahmen solcher Geselligkeiten soll einen positiven Erfahrungsraum für Familien und Heimmitarbeiter schaffen. „Durch den anderen Kontext dieser Situationen können sich Eltern und Kinder wechselseitig einmal anders erleben. Eltern und Kinder können gemeinsam positive Erfahrungen machen, aus denen sie in der weiteren Beziehungsklärung schöpfen können" (MOOS & SCHMUTZ 2006: 81). Außerdem können sich in einem solchen Rahmen alle Beteiligten besser kennen lernen. Dies betrifft die Eltern untereinander, aber auch die Familien und das pädagogische Personal. Als besonders positiv erweist es sich, Familien in die Planung, Organisation und Durchführung solcher Veranstaltungen mit einzubeziehen, da so ein Gefühl der Zugehörigkeit zur Einrichtung und des „Nützlich-Seins" vermittelt wird. Es muss allerdings angemerkt werden, dass solche Festlichkeiten allein nicht ausreichen, um befriedigende Kontakte zu unterhalten (vgl. CONEN 2002: 49).

Wie gezeigt, gibt es eine Vielzahl von Möglichkeiten, bei denen die Eltern und weitere Familienangehörige fremduntergebrachte Kinder und Jugendliche in den Einrichtungen besuchen können. Trotz allem erweist es sich als notwendig, dass stationäre Erziehungshilfeeinrichtungen eine konkrete Besuchsregelung treffen, um den Familienbesuchen den nötigen Rahmen zu geben. Schließlich sollen die Besuche förderlich für die Familien sein und nicht im institutionellen Alltag der Einrichtung untergehen. Besonders in kleinen Einrichtungen haben

Erzieher sehr viele Aufgaben im pädagogischen Alltag und dadurch nicht immer die Möglichkeit, die Eltern adäquat im Umgang mit ihren Kindern zu begleiten und anzuleiten. Dies sollte den Familien transparent gemacht werden, um die Notwendigkeit gesonderter Absprachen und Besuchsregelungen zu verstehen.
Hier erweist es sich als günstig, einen Wochentag als festen Besuchstag zu vereinbaren, aber auch individuelle Besuche nach Anfrage und Absprache mit der Familie zu gewähren. In diesem Zusammenhang sollten die Mitarbeiter der Einrichtung auf die familiäre Situation Rücksicht nehmen, also Entfernungen zum Wohnort, Arbeitszeiten, benutzte Verkehrsmittel, Kinderbetreuungszeiten, finanzielle Möglichkeiten der Familie etc. beachten.
Besonders wichtig ist die atmosphärische Ausgestaltung der Besuchskontakte. In der Einrichtung sollten die Eltern willkommen sein und sich wohl fühlen. Die Familien haben bei Besuchen den Gaststatus inne; die Fachkräfte der Einrichtung demzufolge die Gastgeberfunktion.
Im Ablauf erweist es sich durchaus als günstig, zunächst gemeinsame Kaffeetrinken oder Mahlzeiten anzubieten. Währenddessen können Gespräche mit alltäglichem Inhalt oder zu speziellen Problemen geführt werden. Im Anschluss daran haben die Familien die Möglichkeit, mit ihren Kinder gemeinsamen Aktivitäten nachzugehen. Dazu können die Angebote der Häuser, aber auch Spaziergänge genutzt werden. Gleichzeitig sollten die Eltern aber auch die Gelegenheit haben, persönliche Gespräche mit den Fachkräften zu führen, worauf im folgenden Kapitel gesondert eingegangen werden soll (vgl. CONEN 2002: 53). Nehmen Eltern und Familien Besuchstage ungern wahr und flüchten sich in Ausreden, sollte dies von den Heimmitarbeitern nicht als Desinteresse an den Kindern und Jugendlichen gewertet werden, sondern Anlass geben, einmal die Atmosphäre der Besuchstage zu reflektieren und mögliche Hinderungsgründe an dieser Stelle ausfindig zu machen. Eine freundliche und zugewandte Haltung der Fachkräfte gegenüber den Herkunftsfamilien ist auch an dieser Stelle unerlässlich.
Die Zugangsschwelle zu den Besuchen im Heim sollte so gering wie möglich gehalten werden.

8.2.4 Eltern- und Familiengespräche

Die persönlichen Gespräche zwischen den Heimmitarbeitern und den Familien spielen nicht nur eine wichtige Rolle in dieser Phase des Hilfeprozesses, sondern erstrecken sich über den gesamten Hilfeverlauf. Hier soll ihnen jedoch besondere Aufmerksamkeit gewidmet werden.

In der Kommunikation mit den Herkunftsfamilien muss beachtet werden, dass diese im Gegensatz zu den i.d.R. aus der Mittelschicht stammenden sozialpädagogischen Fachkräften mehrheitlich aus sozialstrukturell benachteiligten und somit unterprivilegierten sozialen Schichten stammen. Der Sprachgebrauch der Fachkräfte ist für die Familien oft ungewohnt und demonstriert bewusst oder unbewusst Überlegenheit. Seitens der Eltern kann es dadurch zu Ablehnung und Kontaktabbrüchen kommen. „Beklagt wird auch eine Sprache, genauer, deren Syntax und Semantik, die viele Eltern nicht verstehen, und soziale Regeln der Kommunikation, die ihnen unbekannt sind" (BLANDOW 2004: 12).

In der Anfangsphase der Hilfe ist es deshalb notwendig, zunächst eine vertrauensvolle Gesprächsbasis aufzubauen, welche fortdauernd weiterentwickelt werden muss. Häufig müssen Familienmitglieder auch erst zu Gesprächen motiviert und Barrieren abgebaut werden. Möglich ist dies über offene Gespräche und die Bearbeitung von Problemen, die in der momentanen Situation vorn an stehen. Häufig sind diese eher alltäglich (materielle Probleme, soziale Probleme auf der Partnerebene der Eltern etc.). Fühlen sich Familien in ihren Nöten ernst genommen und finden für ihre Sorgen ein offenes Ohr, wird ihr Blick freier für tiefersitzende familiäre Problemlagen und intensivere Gespräche. „Wenn erst mal ein Vertrauensverhältnis vorhanden ist, dann können auch Themen mit größerer Brisanz angegangen werden" (GÜNDER 2007a: 81): Die Eltern wollen spüren, dass sie von den Fachkräften ernst genommen werden und wünschen sich, Akzeptanz und Wertschätzung zu erfahren. „Auch wenn Eltern einen vorherigen Termin nicht wahrgenommen haben, werden ihnen gegenüber dennoch vor allem die Freude und das Wohlwollen darüber ausgedrückt, dass sie jetzt zum Gespräch gekommen sind. Die wohlwollende, akzeptierende und wertschätzende Haltung wird unterstützt durch die Betonung vorhandener Ressourcen bzw. zu entwickelnder Ressourcen" (GÜNDER 2007a: 81).

Weiterhin werden in den Eltern- und Familiengesprächen fortlaufend konkrete Absprachen und Zielstellungen gemeinsam erarbeitet. Dazu empfiehlt sich eine kleinschrittige Vorgehensweise statt globaler Überlegungen. Die Vereinbarungen und Ziele sind mit den Beteiligten nach einem gewissen Zeitraum zu überprüfen. Es muss erörtert und verstärkt werden, was positiv gelaufen ist. Nicht eingehaltene Vereinbarungen und nicht erreichte Zielstellungen müssen hinterfragt und auf ihre Ursachen hin untersucht werden.

Hilfreiche Gespräche sind nicht nur bei der Vorbereitung von Hilfeplangesprächen zu realisieren oder in dringlichen und dann häufig negativ konnotierten Ereignissen anzubieten (vgl. GÜNDER 2007a: 82). Allerdings sollte die Vorbereitung der Hilfeplangespräche ein zentrales Thema in der Zusammenarbeit mit den Familien darstellen. Eine entsprechende Vorbereitung sichert, dass diese Möglichkeit der Beteiligung von den Familien ausgeschöpft wird. „Für Eltern resultieren aus den Ansprüchen des Hilfeplangesprächs allerdings hohe Anforderungen, die nicht automatisch erfüllt werden können. Väter und Mütter sollen für sich und ihre Familie Ziele formulieren, sie sollen Einschätzungen zum bisherigen Hilfeverlauf abgeben, nächste Handlungsschritte sollen unter ihrer Beteiligung konkretisiert werden, Eltern möchten bzw. sollen gegenüber Fachkräften kritische bzw. schwierige Aspekte benennen. Zur Umsetzung dieser Anforderungen werden spezifische Kompetenzen benötigt, die nicht automatisch vorausgesetzt werden können" (MOOS & SCHMUTZ 2006: 72 f.).
Regelmäßige Eltern- und Familiengespräche stellen außerdem eine Form der funktionalen Lebens- und Erziehungsberatung mit vielfältigen Inhalten dar. Auch die Abstimmung von kindbezogenen Regeln während der Fremdunterbringung gehört hier hinein. Es handelt sich dabei um einen Aushandlungsprozess zwischen den Regeln der stationären Erziehungshilfeeinrichtung und den familiären Regeln. Weitere wichtige Themen sind in diesem Zusammenhang auch die Freizeitgestaltung des jungen Menschen, Mitgliedschaften in Vereinen, Rauchen, Ausgangszeiten, Umgang mit Geld usw. „Damit wird zum einen der Unterschied zwischen den Spielregeln der Gruppe und der Familie thematisiert und nach Möglichkeit auch begrenzt. Zum anderen gewinnen die Eltern hierüber Einfluss auf den Erziehungsprozess innerhalb der Gruppe, werden für ihre Kinder präsenter und können sich selbst als wirksam trotz räumlicher Trennung erfahren. Darüber hinaus erleichtert die Abstimmung der geltenden Regeln den jeweiligen Wechsel zwischen Elternhaus und Einrichtung für das Mädchen bzw. den Jungen" (MOOS & SCHMUTZ 2006: 78).
Innerhalb der Gruppe können deshalb verschieden Regeln herrschen. Machbar ist dies allerdings nur, wenn der Altersunterschied zwischen den Bewohner nicht zu groß ist und trotzdem ein geregeltes Gruppenleben möglich ist. Die Auseinandersetzung mit Regeln, Werten und Normen gibt somit auch eine Orientierung für die Eltern (vgl. MOOS & SCHMUTZ 2006: 78 f.).
Die persönlichen Eltern- und Familiengespräche können in der Einrichtung, aber auch im Wohnraum der Familie durchgeführt werden.

8.2.5 Hausbesuche

Hausbesuche sind eine traditionelle Methode der Sozialen Arbeit (Beispiel: Elberfelder System). In vielen Arbeitsfeldern gehört die Gehstruktur – das Aufsuchen der Klienten in der Lebenswelt – zu den alltäglichen Aufgaben der sozialpädagogischen Fachkräfte. Als Musterbeispiel soll in diesem Zusammenhang die Sozialpädagogische Familienhilfe genannt werden (§ 31 SGB VIII).
In der Heimerziehung spielte das Aufsuchen der Familien über einen langen Zeitraum keine Rolle. Es wurde bereits erwähnt, dass das Potential der externen Eltern- und Familienarbeit noch nicht vollends ausgeschöpft wird (vgl. Kap. 5.1). Dieser Umstand wird häufig durch zwei Aspekte begründet: Zum einen wird auf die unzureichende Anzahl an Fachkräften hingewiesen und zum anderen auf fehlende finanzielle Mittel (vgl. CONEN 2002: 57).
Die Ursache ist jedoch in dem noch mangelnden Selbstverständnis der Heimerziehung zu suchen, ihre pädagogische Arbeit auch auf das Herkunftssystem des jungen Menschen auszudehnen und in der Lebenswelt der Familie zu agieren (vgl. CONEN 2002: 57). Im Zuge der Regionalisierungsbestrebungen und zunehmenden sozialraumnahen Unterbringungen von jungen Menschen sollte in Zukunft die Möglichkeit der Hausbesuche vermehrt von Heimen aufgegriffen werden. Hausbesuche sind zwar eine aufwendige Form der Eltern- und Familienarbeit, aber auch eine sehr effektive. In ihrem gewohnten sozialen Umfeld können die Interaktionen aller Familienmitglieder am besten erlebt werden. Wie bereits erwähnt, ist die Exploration der Bedingungsstrukturen einer Familie sehr wichtig für die sozialpädagogische Diagnostik. „Der Heimmitarbeiter lernt die häusliche Atmosphäre ebenso kennen wie auch weitere Familienmitglieder [...]; gewohnte Verhaltensweisen der Familienmitglieder können im vertrauten Kontext beobachtet und für die weitere Arbeit mit dem Kind genutzt werden" (CONEN 2002: 58).
Hausbesuche bei den Familien sind im Vorfeld rechtzeitig zu vereinbaren, da sie unangemeldet einen kontrollierenden Duktus haben. Der Kontrollaspekt soll bei den Hausbesuchen der Heimmitarbeiter möglichst gering gehalten werden. Eltern stehen angemeldeten Hausbesuchen positiver gegenüber, sie werten sie als Interesse an sich und der familiären Situation. Sie bevorzugen den privaten Gesprächskontext und erfahren eine zeitliche Entlastung (vgl. MOOS & SCHMUTZ 2006: 82).
Wenn sich Heimmitarbeiter auf den Weg zu den Familien machen, können die Aktivitäten über den Rahmen von Gesprächen hinausge-

hen. An späterer Stelle soll gezeigt werden, wie Fachkräfte die Familien in ihrer Lebenswelt konkret unterstützen können.

8.2.6 Einbindung der Eltern in den Alltag der Einrichtung

Neben den bereits beschriebenen Besuchen der Familien in den stationären Erziehungshilfeeinrichtungen sollten den Mitgliedern des Herkunftssystems Mitarbeitsmöglichkeiten in der Gruppe eröffnet werden. Dazu müssen die Mitarbeiter der Einrichtung den Familienmitgliedern signalisieren, dass ihre Mitarbeit in der Einrichtung erwünscht ist. Im Alltag der Einrichtung bieten sich viele unterschiedliche Gelegenheiten, bei denen sich die Eltern beteiligen können. Diese Situationen haben Trainingscharakter: die Eltern können Situationen wieder einüben, die ihnen vor der Fremdunterbringung ihrer Kinder zu Hause nicht mehr gelungen waren. Dieser Aspekt spielt eine besonders wichtige Rolle, wenn junge Menschen in ihr Herkunftssystem zurückgeführt werden sollen (vgl. VERB. KATH. EINRICHTUNGEN 1989: 26; CONEN 2002: 54).

Beispielsweise können die Eltern ihre Kinder aus Kindertageseinrichtungen oder Schulen abholen und mit ihnen gemeinsam die Hausaufgaben anfertigen. Auch alltagspraktische und hauswirtschaftliche Tätigkeiten wie zum Beispiel Kochen, Backen und Wäschepflege bieten viel Potential.
In der Sozialpädagogischen Wohngruppe Weidig des Erziehungshilfevereins Göltzschtal e.V. nutzt eine Mutter, deren drei Kinder in der Wohngruppe untergebracht sind, eine separate Küche, um mit ihren Kindern gemeinsam das Abendessen vorzubereiten, es einzunehmen und anschließend aufzuräumen und abzuwaschen.
Auch Väter oder männliche Lebenspartner können gut bei der Mitarbeit in der Gruppe beteiligt werden. So können die männlichen Besucher ihre handwerklichen Fähigkeiten bei der Arbeit im Garten, bei der Reparatur kleiner Gebrauchsgegenstände im Haus oder von Fahrrädern einbringen. Es versteht sich von selbst, dass auch Männer hauswirtschaftliche Tätigkeiten übernehmen können und weibliche Familienmitglieder handwerklich tätig werden können.
Diese gemeinsamen Situationen schaffen die Rahmenbedingungen, damit Eltern(teile) und Kinder über gemeinsame Erlebnisse und Tätigkeiten wieder zueinander finden bzw. sich eine gute Gesprächsbasis auch für andere Dinge erarbeiten. Von den Tätigkeiten der Eltern können alle Bewohner der Einrichtung profitieren (vgl. MOOS & SCHMUTZ 2006: 79).

Gleichzeitig erfahren die Eltern in den Augen ihrer Kinder eine Aufwertung und sie erhalten ein positives Selbstwertgefühl und Motivation für eine weitere Zusammenarbeit mit der Einrichtung. Gefördert wird hierbei der Zusammenhalt zwischen Eltern und Kindern. Die Eltern werden weiterhin in der größtmöglichen Erziehungsverantwortung belassen und gestärkt, wenn die Heimmitarbeiter verschiedene Aufgaben an sie delegieren – sofern die Eltern schon in der Lage sind, sie wahrzunehmen. Es sollte während der Fremdunterbringung Ziel sein, dass die Eltern sukzessive wieder so viele erzieherische Aufgaben für ihre Kinder wie möglich übernehmen.

Dies kann auch geschehen über das Wahrnehmen von Außenkontakten wie Arztbesuchen, Kleiderkauf oder Schulkontakten. Die Themenbereiche Schule und Ausbildung sind wichtige Gebiete im Leben der jungen Menschen. „So haben einzelne Eltern den Wusch geäußert, noch unmittelbarer als bislang in schulische Belange eingebunden zu werden. Außerdem haben sie sich einen direkten Kontakt zur Schule gewünscht. So ist es den Eltern wichtig, die schulischen Informationen nicht nur übermittelt durch den verantwortlichen Betreuer zu erhalten, sondern möglichst unmittelbar von den Lehrerinnen und Lehrern ihres Kindes" (MOOS & SCHMUTZ 2006: 80). Da gerade diese Lebensfelder vor der Heimunterbringung häufig problembelastet waren und die Eltern aus ihrer eigenen Biographie nicht selten darin Schwierigkeiten hatten und haben, muss Ausbildung und Schule als ein sensibles Themenfeld betrachtet werden. Gerade im Falle einer Rückführung spielen Schulalltag und Kontakte zur Schule wieder eine wichtige Rolle im Aufgabenfeld der Eltern. MOOS und SCHMUTZ schlagen deshalb vor, dass Lehrkräfte Informationen auch direkt an die Eltern weiterleiten, so dass diese in schulischen Belangen den gleichen Informationsstand haben wie die Fachkräfte in der Einrichtung (vgl. MOOS & SCHMUTZ 2006: 81).

Bei der direkten Interaktion zwischen Eltern und Kind in der Einrichtung sollten sich Fachkräfte eher beobachtend im Hintergrund halten, den Familien etwas zutrauen und sie ausprobieren lassen. Fehler und das Aushalten von negativen Gefühlen und Konsequenzen gehören dazu. Bei der Vorbereitung von Tätigkeiten sollten Eltern von den Fachkräften unterstützt und beraten werden. Während der Übungssequenzen ist subsidiäres Verhalten von den Fachkräften gefordert, d.h. zurücktreten und nur dann eingreifen, wenn die Situation zu eskalieren droht. Im Anschluss daran sind die Erfahrungen zu reflektieren.

Die Handlungen der Eltern im Heim und die partnerschaftliche Zusammenarbeit mit den Fachkräften bergen ein großes Potential. Die Eltern können durch Beobachtungen am Modell der Erzieher lernen und eine positive Beziehung zu ihnen aufbauen. Die Vorstellungen der Eltern von den pädagogischen Fachkräften als allwissende Erziehungsexperten wird entmystifiziert. „Sie [die Eltern; der Verfasser] können den Umgang der Mitarbeiterinnen und Mitarbeiter mit ihrem Kind beobachten, stellen mitunter mit Erleichterung fest, dass auch deren Geduld und Fähigkeiten Grenzen gesetzt sind, und sie können erfahren, dass Erziehungskompetenzen ausbaufähig sind" (TAUBE & VIERZIGMANN 2000: 10).

8.2.7 Beurlaubungen

Wie in Kapitel 6.2.1 bereits angedeutet, treten im Zusammenhang mit Beurlaubungen der jungen Menschen ins Elternhaus häufig Schwierigkeiten auf. Dies geht i.d.R. mit einem deutlichen Anstieg alter Verhaltensweisen und mangelnder Regeleinhaltung seitens der Minderjährigen einher (vgl. HANSEN 1999: 1023). Aber auch auf Seiten der Eltern sind nicht selten Frustrationen und Enttäuschung zu beobachten. Daraus ergibt sich die dringende Notwendigkeit der intensiven Vor- und Nachbereitung von Beurlaubungen in die Herkunftsfamilie. „Ein Gespräch vor und nach dem Besuch bei den Eltern ermöglicht eine gezielte Information der Eltern aus welcher Situation heraus das Mädchen oder der Junge zu ihnen kommt, welche aktuellen Erfahrungen und Erlebnisse er bzw. sie mitbringt. Gleiches gilt umgekehrt für die Rückkehr des jungen Menschen in die Gruppe. Darüber hinaus bietet die gezielte Vor- und Nachbereitung von Wochenendheimfahrten die Möglichkeit spezifische Situationen, die bislang problematisch erlebt wurden, gezielt im Vorfeld durchzugehen und nach alternativen Handlungsmöglichkeiten zu suchen, die anschließend reflektiert werden" (MOOS & SCHMUTZ 2006: 75).
Die Beurlaubung in den familiären Haushalt stellt auch eine bedeutende Erprobungsmöglichkeit im Rahmen der Reintegrationsbemühungen in die Familie dar.

Hinsichtlich der Erwartungen an die Beurlaubung kann zwischen Eltern und Kindern in Zusammenarbeit mit den Heimmitarbeitern ein Kontrakt geschlossen werden, welcher auch Konsequenzen bei Nichteinhaltung der Absprachen beinhaltet. Während der Beurlaubung ihres Kindes sollte den Eltern die Möglichkeit eingeräumt werden, bei Problemen und Krisensituationen die Heimmitarbeiter telefonisch um Beratung und Unterstützung zu bitten. Nach Ende der Beurlaubung sollten Eltern sich frei fühlen, die aufgetretenen problematischen Er-

eignisse mit den Erziehern anzusprechen und zu reflektieren. Für eine nächste Beurlaubung des Kindes können alternative Handlungsweisen besprochen und unter Umständen auch eingeübt werden (vgl. CONEN 2002: 56).
Auch hinsichtlich der Beurlaubungen muss jede Einrichtung eine geeignete Regelung finden. Gewarnt wird in der Fachliteratur vor einer generalisierten Beurlaubungsregelung. „In mehreren Einrichtungen wurden Kinder und Jugendliche zu vollkommen fixierten Wochenenden oder zu einem gewissen Teil der Ferien vollkommen unabhängig auch vom Zustand der Elternhäuser, beurlaubt. Dies geschah in vielen Fällen sogar ohne jede Klärung dessen, ob ein Kind, das nach Hause kommt, überhaupt mit Präsenz von Eltern und mit Betreuung rechnen darf" (PLANUNGSGRUPPE PETRA 1988: 81). Eine solche starre Beurlaubungspraxis kann fatale Folgen haben und ist seitens der professionellen Helfer nicht zu verantworten. Umgangs- und Besuchsregelungen sind individuell und nicht institutionell zu begründen und demnach immer orientiert am konkreten Einzelfall zu gewähren.

8.2.8 Trauerarbeit

Wie in der Studie von FALTERMEIER (vgl. Kap. 5.7) bereits angedeutet, wirkt sich die Fremdunterbringung eines jungen Menschen auf die ganze Familie aus und kann mit unterschiedlichen Reaktionen und Gefühlen einhergehen. Neben der entlastenden Funktion einer Heimunterbringung für das Familiensystem, treten wie oben beschrieben i.d.R. vielfältige negative Gefühle bei allen Beteiligten auf. An dieser Stelle soll der Trennungsschmerz und die Trauer über den Weggang des Kindes auf Seiten der Eltern im Fokus stehen. „Zwar können sich Eltern auch entlastet fühlen, wenn andauernde Streitigkeiten und Frustrationen, die sie in der Erziehung ihres Kindes erlebten, nun nicht mehr so gegenwärtig sind. Bei vielen Eltern dürften allerdings Schuldgefühle und Scham vorhanden sein; so fällt es auch nicht leicht, der Verwandtschaft, dem Freundeskreis und der Nachbarschaft den neuen Aufenthalt des Kindes zu offenbaren, weil hier wiederum das eigene Versagen offenkundig würde und die erwarteten Reaktionen das emotionale Unbehagen bekräftigen könnten. Zu dieser unguten Gefühlslage kommt noch ein weiteres Moment hinzu, nämlich der Trennungsschmerz" (GÜNDER 2007a: 82). Häufig vermissen Fachkräfte eine Trauerreaktion bei den Eltern und werten dies als Desinteresse am jungen Menschen. Es ist jedoch davon auszugehen, dass Herkunftseltern für die Außenwelt nicht erkennbar sehr wohl um ihr Kind trauern; diese Prozesse wirken jedoch innerpsychisch. „Gerade auch dann, wenn Trennungsschmerz und Trauer von Außenstehenden nicht oder kaum vermutet werden, können verschiedene innerpsychische Konfliktabwehrstrategien vorliegen, die sowohl der psychischen Gesundheit der Eltern als auch der Möglichkeit, weiterhin Kontakt mit dem Kind zu unterhalten und mit dem Heim zusammenzuarbeiten, abträglich sind" (GÜNDER 2007a: 82). Die Bearbeitung der Trauer muss deshalb schon im Vorfeld der Heimunterbringung beginnen und darf auch während der Unterbringung in der Einrichtung nicht als beendet angesehen werden. Werden die Eltern von Anfang an in die Arbeit der stationären Erziehungshilfeeinrichtung einbezogen und werden ihnen vielfältige Kontaktmöglichkeiten zum Kind geboten, können Trauerreaktionen abgemildert werden. Die Fachkräfte sollten ganz gezielt Gespräche mit den Eltern über ihre Gefühle fördern, so dass diese sich bewusst mit ihrem Trennungsschmerz und ihrer Trauer auseinandersetzen können (vgl. GÜNDER 2007a: 83).

8.2.9 Eltern- und Familienarbeit ohne Eltern

Wie in Kapitel 4.3.2 bereits erwähnt, handelt es sich bei den wenigsten der fremduntergebrachten Kinder und Jugendlichen um „echte" Waisenkinder. Allerdings gibt es einige junge Menschen, deren Eltern (und Familien) weit entfernt wohnen, nicht auf Kontaktversuche durch die Minderjährigen und deren Einrichtung reagieren oder von ihrem Kind nichts mehr wissen wollen, da sie eine völlig neue Lebenssituation haben. In einigen Fällen kann es auch vorkommen, dass der Kontakt zu den Familienangehörigen eine Gefährdung des Kindeswohls darstellt und aus diesem Grund von Gerichten und Jugendämtern untersagt bzw. ausgesetzt wurde (vgl. GÜNDER 2007a: 85 f.; CONEN 2007: 75). Auch wenn diese jungen Menschen keinen realen Kontakt zu ihren Eltern und Familien haben, so sind diese in den Gedanken und Vorstellungen der fremduntergebrachten Kinder und Jugendlichen dennoch immer präsent (vgl. Kap. 6.2.2). Deshalb muss das Thema „Herkunftsfamilie" auch bei den so genannten „Niemandskindern" thematisiert werden (vgl. GÜNDER 2007a: 85).
Es ist zu vermuten, dass die Bearbeitung dieser sensiblen Themen den pädagogischen Fachkräften besonders schwer fällt und deshalb oft stiefmütterlich behandelt wird. Das Ansprechen der Sicht des Kindes auf seine Ursprungsfamilie ist jedoch von enormer Bedeutung, da junge Menschen die Schuld an der familiären Situation und daraus resultierend ihre Herausnahme aus der Familie bei sich selbst suchen. Die Herausbildung einer stabilen Persönlichkeit, die Beziehungen zu Mit-

menschen aufbauen und halten kann, ist nicht möglich, wenn zentrale biografische Fragen ungeklärt bleiben. Mit Hilfe der Eltern- und Familienarbeit müssen Lebensperspektiven für die Mädchen und Jungen erarbeitet werden. Die Verarbeitung der Vergangenheit und die Auseinandersetzung mit der Herkunftsgeschichte kann von den pädagogischen Fachkräften auf vielfältige Art und Weise angeregt werden. Dazu eignen sich insbesondere Methoden der Biografiearbeit. So können gemeinsam alte Briefe gelesen, Fotos angeschaut und besprochen, Familien- und Fotoalben angelegt und durch eigene Zeichnungen und Basteleien des Kindes ergänzt werden. Mit Jugendlichen kann auch eine Zeitleiste angelegt oder eine Time-Line abgeschritten werden (vgl. RYAN & WALKER 2007: 13 ff.). Über diese Einstiege können sich intensive Gespräche entwickeln, in denen sich mögliche Botschaften oder Erlaubnisse von den Eltern herausarbeiten lassen (vgl. CONEN 2007: 75). „Setzt sich das Kind bzw. Jugendliche [sic] mit seinen inneren Stimmen im Dialog mit seinen Eltern auch positiv auseinander: ‚Worüber würden sich meine Eltern freuen, ... worauf legen sie Wert, was soll ich ihrer Meinung nach in meinem Leben machen, auch vielleicht besser als sie', dann können negative Entwicklungen (vor allem in der Pubertät) umgeleitet werden und selbstwirksamkeitsunterstützende Aspekte in den Vordergrund treten" (CONEN 2007: 75 f.).

8.2.10 Gruppenbezogene Elternaktivitäten

Während die oben genannten Angebote eher auf den Einzelfall bezogen sind, haben sich auch Formen der Gruppenarbeit mit Eltern fremduntergebrachter Kinder in der Praxis bewährt. Dazu bieten sich verschiedene Ausgestaltungsmöglichkeiten. Da im Vorlauf bereits häufiger auf die Einrichtung des Erziehungshilfevereins Göltzschtal e.V. in Weidig eingegangen wurde, soll auch an dieser Stelle ein Beispiel aus der Praxis der Einrichtung vorgestellt werden.

Einmal im Monat findet in Zusammenarbeit zwischen Sozialpädagogischer Wohngruppe und ebenfalls im Haus befindlicher Sozialpädagogischer Familienhilfe ein Elternforum statt. Die Eltern aus Wohngruppe und SPFH nehmen dieses Angebot zum Austausch und Kennenlernen der Eltern untereinander sehr gerne wahr, so dass meist ca. zwanzig Mütter und Väter anwesend sind. Um den Charakter dieser Veranstaltung wenig formell zu halten, findet als Ritual ein gemeinsames Frühstück statt, welches auch Raum zum Austausch von Neuigkeiten und Geplauder unter den Eltern bietet. In der Vorbereitung des Frühstücks werden die pädagogischen Fachkräfte durch einzelne Elternteile unterstützt. So holt eine Mutter, die regelmäßig die „Tafel" besucht, am

Morgen des Elternforums gegen einen geringen Betrag Lebensmittel zur Zubereitung des Frühstücks ab. Auch bei der Erstellung der gezielten Einladungen zum Elternforum werden einzelne Eltern, welche einen PC besitzen, einbezogen. Die Übertragung kleinerer Aufgaben zeigt den Eltern, dass sie für die Einrichtung von Bedeutung sind und regt meist zu regelmäßigem Engagement an.
Mit der genannten Frühstückspause liegt der zeitliche Rahmen des Elternforums i.d.R. bei maximal drei Stunden, welcher dem Umstand Rechnung trägt, dass die meisten Eltern wenig „bildungsorientiert" sind und schlechte Erfahrungen mit dem Lebensbereich Schule gemacht haben. Die Inhalte des Elternforums sind von den Eltern selbst gewählt, so dass aktuelle Themen, die den Familien am Herzen liegen, Eingang finden. So gab es bisher bereits Elternforen zu den Themen „Wut und Zorn in der Erziehung", „Sucht", „Sorgen und Nöte – Wie gehe ich damit um?" und „Stressbewältigung". Neben diesen Angeboten, die eher zur Diskussion und Vermittlung von Wissen in Lebens- und Erziehungsfragen beitragen, gibt es auch Angebote, die Aktivität und Bewegung in der Gruppe fördern. Zu diesem Zweck finden Bowlingnachmittage, Wanderungen und Ausflüge, Fußballturniere, „Frühjahrsputz" in der Einrichtung, Gartentag, Bastelnachmittage, Faschingsveranstaltungen etc. statt, bei denen auch die Kinder teilweise mit einbezogen werden können. Die Erfahrung zeigt, dass über das Elternforum auch Eltern erreicht werden, die sich sonst im Heimalltag oder in der Betreuung durch die SPFH eher zurückhaltend, introvertiert und entmutigt zeigen.
Die Planung und Durchführung des Elternforums obliegt in der Einrichtung dem Team der Sozialpädagogischen Familienhilfe, bestehend aus zwei Diplom-Sozialpädagogen und einer Erzieherin mit Zusatzqualifikation. Auch Vertreter des örtliche Jugendamtes konnten nach Absprache mit den Eltern an der Veranstaltung teilnehmen und sich ein Bild vom Elternforum machen, von dem ihnen schon viele Eltern erzählt hatten.

Ziele von gemeinsamen Elternaktivitäten sind u.a. die Beendigung der Isolation einiger Eltern fremduntergebrachter Kinder, Erfahrungsaustausch mit anderen betroffenen Familien, Entlastung von Schuldgefühlen, Erwerb von Wissen und Kompetenzen zur Lebensbewältigung und die Aktivierung von vorhandenen Ressourcen. Wie das obige Beispiel zeigt, wirkt es sich sehr positiv aus, wenn die Eltern nach Möglichkeit bei der Vorbereitung und Organisation dieser Gruppenangebote einbezogen werden.
Anziehend für die Eltern scheint auch die Tatsache zu sein, dass sie bei den Gruppenaktivitäten einmal nicht nur die Elternrolle innehaben, sondern als Gesamtperson wahrgenommen werden, die vielseitige In-

teressen, Eigenschaften und Kompetenzen in anderen Lebensbereichen besitzt. Durch die Interaktion in der Gruppe wird gemeinsames Lernen ermöglicht und das Selbsthilfepotential der Eltern gestärkt. In diesem Rahmen fällt es vielen Eltern leichter, konfliktbesetzte Themen zu besprechen, als im Einzelkontakt (vgl. GÜNDER 2007a: 85).
Bestrebt sein sollten Einrichtungen auch, attraktive Angebote zu machen, die auch Väter und andere männliche Bezugspersonen der Kinder ansprechen.
Didaktisch und methodisch sollten Angebote für diese Elterngruppen eher handlungsorientiert und nicht „zu verschult" sein. In spielerischer Form lassen sich alternative Verhaltens- und Handlungsweisen erproben und Themen bearbeiten. Die gruppenbezogenen Elternaktivitäten sollten offen, d.h. nicht verbindlich, sein und eine niedrige Zugangsschwelle haben.
Nicht selten bringen Eltern fremduntergebrachter junger Menschen sehr private und intime Dinge ein und fordern so die Leiter der Veranstaltungen sehr heraus. „An die Leiter werden eine Vielfalt von Anforderungen gestellt, deren grundlegendste darin besteht, sich auf die verschiedenen Ebenen (Sprache, Gruppen-, Lern- und Autoritätserfahrungen, Wertvorstellungen, Erziehungsverhalten u.a.m.) der Eltern einzustellen aber auch auf deren konkrete Lebenssituation einzugehen" (CONEN 2002: 62).

8.2.11 (Re-)Stabilisierung der Herkunftsfamilie

Herkunftsfamilien weisen, wie in Kapitel 4.3 dargestellt, unterschiedliche Problemlagen mit spezifischen Hilfebedarfen auf. Restabilisierung als Teil der Eltern- und Familienarbeit der Einrichtungen der stationären Erziehungshilfe meint konkrete, einzelfallorientierte Unterstützung der Familien, um Lebens- und Erziehungsverhältnisse der Kinder nachhaltig zu verbessern und eine Rückführung vorzubereiten (vgl. FALTERMEIER 2004: 55 f.). „Ziel der Restabilisierung [...] ist es, durch gezielte Hilfeangebote die soziale, ökonomische und erzieherische Situation in der Herkunftsfamilie so zu beeinflussen, dass eine Rückführung des Kindes möglich wird" (FALTERMEIER 2004: 54). Bei diesem Ansatz ist es von zentraler Bedeutung, über gemeinsames Erleben zwischen Familie und Fachkräften und konkretes Tun kurzfristig eine Verbesserung der familiären Situation zu erzielen und vorhandene Ressourcen aufzuspüren und zu aktivieren.
Eine Verbesserung der sozioökonomischen Rahmenbedingungen (Finanzen, Wohnraum, Behörden, öffentliche Einrichtungen) lässt sich beispielsweise über die Vermittlung und den gemeinsamen Besuch bei

der Schuldnerberatung, Information und Hilfe bei Antragstellungen (Stiftungsgeldern, Therapieangeboten, Transferleistungen etc.) leisten. Die Familien benötigen nicht selten Unterstützung bei der Suche und Auswahl einer neuen („kinderfreundlichen") Wohnung, der Organisation von Einrichtungsgegenständen („Möbelbörse") und der Durchführung des Umzugs. Hilfe soll den Familien nur dort gewährt werden, wo sie konkrete Unterstützung benötigen, mit dem Ziel, die Familien zu empowern. In diesem Zusammenhang sollen auch informelle Netzwerke der Familie aufgebaut und gestärkt werden, die der Familie in Zukunft bzw. nach dem Heimaufenthalt des Kindes als personale Ressourcen zur Verfügung stehen (Nachbarn, Freunde, Verwandte). Auch die Integration ins Gemeinwesen ist ein wichtiger Aspekt der Restabilisierung (Kindertageseinrichtungen, Schule, Jugendzentrum).

Außerdem sollten die Erziehungs- und Lebensbewältigungskompetenzen der Eltern gestärkt werden. Dies kann geschehen durch die Teilnahme an den Elterngruppenaktivitäten, durch funktionale oder institutionelle Erziehungsberatung etc. Die Eltern können auf diesem Wege lernen, „[...] rechtzeitig zu erkennen, wann das Wohl ihrer Kinder gefährdet ist, sie können lernen, die Perspektive zu wechseln und die Lebenssituation aus Sicht ihrer Kinder zu verstehen. Sie erhalten Anhaltspunkte, wie man erzieherisches Handeln vorausschauend planen und kindliche Entwicklung verstehen kann" (FALTERMEIER 2004: 57).

Restabilisierung der Herkunftsfamilie stellt hohe Anforderungen an die berufliche Handlungskompetenz und die organisatorischen Ressourcen der Heimmitarbeiter. Aus diesem Grund ist eine enge und intensive Zusammenarbeit mit anderen Diensten und Einrichtungen besonders günstig. Für die konkrete Unterstützung der Herkunftsfamilie eignet sich der Einsatz der Sozialpädagogischen Familienhilfe nach § 31 SGB VIII (eventuell auch Familienpflege § 20 SGB VIII). In diesem Zusammenhang scheint es bei einigen Familien notwendig zu sein, während der stationären Erziehungshilfe auch ein ambulantes Angebot in der Familie im Sinne einer „Doppelbetreuung" zu installieren. Das heißt, während der Fremdunterbringung des jungen Menschen in der stationären Einrichtung wird ebenfalls intensiv mit den zu Hause verbliebenen Familienmitgliedern gearbeitet. Heimmitarbeiter und Familienhelfer arbeiten settingübergreifend Hand in Hand. Leider scheint dies noch nicht allerorts gängige Praxis zu sein. „Gleich in mehrfacher Hinsicht dysfunktional ist die häufig anzutreffende Praxis, Angehörige nach der Entscheidung über eine Herausnahme des Kindes aus der Familie, versehen mit guten Ratschlägen und Ermahnungen, sich selbst zu überlassen. Denn von avantgardistischen Modellen abgesehen, ist eine ‚Doppelbetreuung' der Familie einerseits und des Kindes in der Pflegefamilie oder der Heimeinrichtung andererseits zumeist verpönt beziehungsweise wird für unnötig und vor allem für nicht finanzierbar gehalten" (BLANDOW 2004: 18). Auch FALTERMEIER sieht in einer erfolgreichen Restabilisierung große Potentiale in Bezug auf die Rückführung von jungen Menschen in ihre Herkunftsfamilien. „Grundsätzlich kann man davon ausgehen, dass der größte Teil der fremduntergebrachten Kinder in ihre Familien zurückgeführt werden könnte, wenn die Herkunftseltern und ihr Umfeld entsprechend vorbereitet und gestützt würden" (FALTERMEIER 2004: 56).

8.3 Phase III – Rückführung, Verselbständigung, Nachbetreuung

Wie bereits der Übergang aus der Herkunftsfamilie in die stationäre Einrichtung, so ist auch die Reintegration in die Herkunftsfamilie bzw. Verselbständigung eine Phase, die der expliziten Vorbereitung bedarf. Erneut muss der junge Mensch sein gewohntes Umfeld verlassen, von Bezugspersonen (Bewohner, Personal) Abschied nehmen und wieder neu in seiner eigenen Familie ankommen (vgl. MOOS & SCHMUTZ 2006: 88). Alte Probleme können in dieser letzten Phase in Form eines Rückgriffs auf alte Verhaltensweisen erneut auftreten. Das Kind versucht damit unbewusst die Beziehung zur Einrichtung aufrechtzuerhalten bzw. auszutesten, ob sich Veränderungen in der Herkunftsfamilie vollzogen haben (vgl. CONEN 2002: 86). Darüber sollten Eltern aufgeklärt werden.
Die Trennung vom gewohnten Tagesablauf in der Einrichtung verursacht beim Kind ein weiteres Mal Trennungsschmerzen; auch für Mitarbeiter der Einrichtung ist es häufig schwierig, das Kind loszulassen. Das Vorhaben der Rückführung sollte circa 6-9 Monate vor dem beabsichtigten Termin der Entlassung mit allen Beteiligten thematisiert und die daran geknüpften Bedingungen analysiert und transparent gemacht werden. Im Laufe der Heimerziehung wurden schließlich regelmäßig die zeitlichen Perspektiven besprochen und wenn nötig angepasst. Nun gilt es realistische Ziele für die Reintegration zu formulieren.
In der Rückführungsphase wird verstärkt auf die Verselbständigung des Minderjährigen hingearbeitet. Die Verhaltensregeln und Aufgaben im Alltag müssen verinnerlicht werden, um das Erlernte in die

häusliche Lebenswelt zu übertragen und dort aufrechtzuerhalten. Im Vergleich zur Einrichtung herrscht zu Hause kein professionelles pädagogisches Milieu, in dem Regeln und Strukturen ständig präsent sind. „Gerade in den hochstrukturierten Settings [...] sind für die Mädchen und Jungen allein über die Ritualisierung und dichte Anwesenheit der Fachkräfte Regeln und Aufgaben fast permanent präsent. Für die Eltern ist eine solche Strukturierung nicht in gleicher Weise zu gewährleisten, sie würde auch dem Charakter des familiären Alltags nicht entsprechen" (MOOS & SCHMUTZ 2006: 89 f.). *So legen beispielsweise in der Sozialpädagogischen Wohngruppe des Erziehungshilfevereins Göltzschtal e.V. in Weidig Kinder und Jugendliche, die bald nach Hause entlassen werden, selbständig und altersgemäß den Schulweg zurück, fertigen ihre Hausaufgaben zunehmend ohne Unterstützung an, planen in Eigenregie den folgenden Tag (Schulranzen packen, Schulbrot vorbereiten, Kleidungsauswahl für den nächsten Tag etc.).*

Als Unterstützung für die Eltern muss die (Re-)Stabilisierung (vgl. Kap. 8.2.11) kontinuierlich weitergeführt werden und Veränderungen, die sich aus der Rückkehr des Minderjährigen in sein Zuhause ergeben, besprochen und Vorbereitungen diesbezüglich getroffen werden. Wichtige Themen sind die Organisation des familiären Haushaltes mit (zurückgekehrtem) Kind, sinnvolle Freizeitaktivitäten für das Kind und die gesamte Familie, Schul- und Ausbildungsbesuch, Zubettgehzeiten, Taschengeld, Freundeskreis oder Kleidungs- und Frisurstil.

In der Phase der Rückführungsvorbereitung verbringt der junge Mensch wieder mehr und mehr Zeit zu Hause. Die Wochenend- und Ferienbeurlaubungen sollten sukzessive erweitert werden. Die regelmäßigen Beurlaubungen können auf Probewochen ausgedehnt werden, in denen die Familie – im Vergleich zu den Wochenenden – unter „realistischen" Bedingungen den gemeinsamen Alltag der Woche mit seinen schulischen und beruflichen Anforderungen erproben kann. Diese Erfahrungen der Familie müssen im Anschluss ausreichend reflektiert werden, um ggf. Lösungsmöglichkeiten und Verhaltensalternativen zu entwickeln. Zur konkreten Ausgestaltung des Abschieds aus der Einrichtung bieten sich Rituale in besonderem Maße an. Diese sind u.a. ein Abschiedsfest, Abschiedsgeschenk oder besondere Unternehmungen mit dem Bezugserzieher. *Der Bezugserzieher Herr K. unternahm zum Abschied beispielsweise mit Mike und seinem Schulfreund einen Ausflug ins Erlebnisbad, welchen sich Mike schon seit längerem wünschte.*

Rechtzeitig vor dem Ende der Heimunterbringung muss über Anschlusshilfen oder Nachbetreuungsmöglichkeiten durch die Einrichtung nachgedacht werden. Die Nachbetreuung durch die Einrichtung eignet sich aus pädagogischer Sicht besser, denn in diesem Fall können gewachsene Beziehungen beibehalten und bereits vorhandenes Wissen zur Familiengeschichte genutzt werden. Methodisch bieten sich zur Nachbetreuung Hausbesuche und Elterngespräche an. Die Weiterbetreuung durch die Einrichtung stößt aber häufig an ihre personellen und zeitlichen Grenzen. In der Praxis wird deshalb oft eine SPFH in der Familie installiert. Der Grund eines Betreuungswechsels sollte der Familie transparent gemacht werden und eine rechtzeitige und intensive Fallübergabe zwischen den Hilfesystemen muss stattfinden. Um adäquat anknüpfen zu können, sollte bereits vor dem Ende der Hilfe die SPFH ihre Arbeit in der Herkunftsfamilie aufnehmen.

Im Falle der Verselbständigung eines jungen Menschen und dem Übergang in den eigenen Wohnraum eignet sich als Anschlusshilfe eine Erziehungsbeistandschaft (§ 30 SGB VIII). Auch der Erziehungsbeistand muss an die Eltern- und Familienarbeit der stationären Hilfe anknüpfen und den Bezug zur Herkunftsfamilie erhalten.

MOOS und SCHMUTZ schlagen bei Nichtinanspruchnahme einer Anschlusshilfe ein Beratungsgutscheinsystem vor. „Es handelt sich hierbei um ein optionales Beratungsangebot durch Gutscheine im Anschluss an eine stationäre Hilfe. Die Gutschein beinhalten 5-10 Beratungseinheiten für einen Zeitraum von 6-12 Monaten […], die bei Bedarf von Seiten der Familie abgerufen werden können. Eine Fachkraft der stationären Gruppe sucht die Familie dann bei Bedarf auf und bespricht mit ihr die jeweilige Situation" (MOOS & SCHMUTZ 2006: 92).

Zusammenfassend lässt sich feststellen, dass es vielfältige Möglichkeiten gibt, mit Eltern und Familien fremduntergebrachter junger Menschen zu arbeiten. CONEN konstatiert in ihrer bereits erwähnten empirischen Untersuchung, dass Beurlaubungen des Kindes nach Hause, Aufnahmegespräche und Vorstellungsbesuche der Eltern bzw. Familie in der stationären Einrichtung von der überwiegenden Anzahl der Institutionen geleistet werden. Die Mehrheit der Elternkontakte sind jedoch kaum strukturiert und geplant, was auf eine unzureichende Systematik in der Eltern- und Familienarbeit schließen lässt. Das Gespräch zu den Eltern wird meist nur in Konfliktsituationen oder bei Problemen gesucht und stellt damit für die Eltern ein negativ belegtes Ereignis dar. Aufwändigere Vorhaben, die einer gewissen Vorbereitung bedürfen, werden im Heimalltag oft vernachlässigt (vgl. CONEN 1992: 17).

9 Probleme, Schwierigkeiten und Hindernisse in der Eltern- und Familienarbeit

Bereits in Kapitel 5 wurde ausführlich dargestellt, dass Eltern- und Familienarbeit in der Heimerziehung zwar fachlich begründet und ihre Notwendigkeit erkannt ist, demgegenüber stehen jedoch erhebliche Mängel in der Umsetzung in die Praxis (vgl. HANSEN 1999: 1024 f.; CONEN 2002: 149; DREES 1998: 90).

In diesem Kapitel soll der Frage nachgegangen werden, warum der fachtheoretisch konsentierte Anspruch und die pädagogischen Praxis derart auseinanderdriften. Im bisherigen Verlauf der vorliegenden Arbeit wurden bereits Problembereiche im Zusammenhang mit der Eltern- und Familienarbeit in stationären Erziehungshilfeeinrichtungen gestreift. Diese sollen nun zusammengefasst und verdichtet werden. Grundsätzlich kann davon ausgegangen werden, dass Eltern- und Familienarbeit in allen Arbeitsfeldern der Sozialen Arbeit eine anspruchsvolle Aufgabe darstellt. So beklagen sich auch Mitarbeiter im Bereich der Kindertagesstätten über Schwierigkeiten bei der Motivation der Eltern zur aktiven Zusammenarbeit mit der Einrichtung (vgl. GÜNDER 2007b: 231; TREDE 2008: 227). Eine besonders hohe Herausforderung an das pädagogische Personal stellt jedoch die partnerschaftliche Zusammenarbeit mit Herkunftsfamilien im Kontext einer stationären Unterbringung gemäß § 34 SGB VIII dar. „Die besonderen Voraussetzungen und Bedingungen des sozialpädagogischen Arbeitsfeldes Heimerziehung bringen es mit sich, dass grundlegende Schwierigkeiten bei der Elternarbeit hier häufiger und auch intensiver anzutreffen sind als in anderen Bereichen. [...] Hierbei spielen die traditionelle Sichtweise und das Selbstverständnis der Heimerziehung bei der Bevölkerung eine enorm große Rolle, da die Funktion der Heime als eine Wegnahme von Kindern und Jugendlichen aus schlechten Elternhäusern verstanden wird, während die pädagogischen Interventions- und Hilfemöglichkeiten durch Heimerziehung relativ unbekannt oder wenig anerkannt bleiben" (GÜNDER 2007b: 231). Aus dem historisch gewachsenen Selbstverständnis der Heimerziehung, welches vor allem eine starke Kindorientierung aufweist, wird deutlich, wie zäh sich die Hinwendung zur gesamten Familie als Adressaten vollzieht (Familienorientierung).

Die am häufigsten anzutreffenden Schwierigkeiten und Hindernisse im Praxisfeld lassen sich unter zwei großen Problembereichen subsumieren:
— strukturelle und organisatorische Probleme;
— Konflikte zwischen Familien und pädagogischen Fachkräften.

„Wichtig erscheint in diesem Zusammenhang der Hinweis, daß [sic] dieser unbefriedigende Zustand [Diskrepanz zwischen Anspruch und Realität; der Verfasser] häufig nicht in der Verantwortung der einzelnen Erzieher liegt, sondern durch unzureichende finanzielle und personelle Rahmenbedingungen in der Heimerziehung geradezu zwangsläufig produziert wird. Damit soll nicht geleugnet werden, daß [sic] auch andere – mehr in der Person des Erziehers verortete – Unzulänglichkeiten (etwa Ängste, Loyalitätskonflikte) erfolgreiche Elternarbeit be- oder gar verhindern können" (HANSEN 1999: 1025).

9.1 Strukturelle und organisatorische Probleme in der Eltern- und Familienarbeit

Im Folgenden sollen Hindernisse und Schwierigkeiten struktureller Natur aufgezeigt werden. Besonderes Augenmerk liegt dabei auf den Bereichen: Ausbildung/Qualifikation der Heimmitarbeiter; Zusammenarbeit zwischen Fachkräften in den Einrichtungen; zeitliche, personelle und finanzielle Ressourcen und räumliche Distanz zur Herkunftsfamilie.

9.1.1 Ausbildung und Qualifikation der Heimmitarbeiter

In nahezu allen Publikationen zur Thematik Eltern- und Familienarbeit in der Sozialen Arbeit (insbesondere in der stationären Erziehungshilfe) findet man Angaben bezüglich einem unzureichenden Qualifikationsstand der pädagogischen Fachkräfte (vgl. CONEN 2002: 221; DREES 1998: 91 f.). Dieser Problembereich wurde bereits in Kapitel 5.8 angedeutet. Um dieses Manko zu untersuchen, soll zunächst ein Überblick über die Berufsabschlüsse der pädagogischen Fachkräfte im Arbeitsfeld Heimerziehung gegeben werden. Dazu wurden vom Statistischen Bundesamt die folgenden Daten erhoben.

Tabelle 2: Überblick über Berufsgruppen in der stationären Erziehungshilfe (Stand 31.12.2006)

Arbeitsbereich	Gesamt	Akademische Abschlüsse mit Diplom[29]	Staatlich anerkannte ErzieherInnen	Weitere nicht akademische pädagogische Abschlüsse und Qualifikationen[30]
Heimerziehung im Gruppendienst	33661 (100%)	8851 (26%)	17469 (52%)	7341 (22%)
Heimerziehung mit gruppenübergreifenden Tätigkeiten	5750 (100%)	1879 (33%)	1847 (32%)	2024 (35%)
Summe	39417 (100%)	10730 (27%)	19316 (49%)	9365 (24%)

(Quelle: Bundesamt für Statistik Wiesbaden; siehe Anlage 3)

Ganz allgemein lässt sich an diesen relativ aktuellen Daten feststellen, dass sich in den letzten 40 Jahren ein enormer Professionalisierungsschub im Arbeitsfeld vollzogen hat. „Im Rahmen der Kritik an der Heimerziehung wurden auch Forderungen an eine bessere Qualifizierung der Heimmitarbeiter gestellt. So wurden neben der Einstellung von qualifiziertem gruppenübergreifendem Personal auch eine Qualifizierung der Mitarbeiter in den Erziehungsgruppen, die bis Anfang der 70iger Jahre oft keine Erzieherausbildung hatten vorangetrieben. In berufsbegleitenden Ausbildungen sowie Lehrgängen wurden Erziehern notwendige Kenntnisse und Fähigkeiten vermittelt" (CONEN 2002: 135). Die Tabelle 2 zeigt eine starke Durchmischung des Arbeitsfeldes mit unterschiedlich qualifizierten pädagogischen Fach-

---

29 Dies sind Diplom-SozialpädagogInnen, Diplom-SozialarbeiterInnen, Diplom-PädagogInnen, Diplom-ErziehungswissenschaftlerInnen und Diplom-Heilpädagogen. Die Berufabschlüsse wurden an unterschiedlichen Ausbildungsorten erworben (Berufsakademien, Fachhochschulen, Universitäten). Einen ausführlichen Überblick über die Berufsausbildungen in der Sozialen Arbeit findet man bei RAUSCHENBACH (vgl. RAUSCHENBACH 2008: 111 ff.).

30 Dazu gehören u.a. HeilpädagogInnen (Fachschule), KinderpflegerInnen, HeilerziehungspflegerInnen, Assistenzberufe im Sozialwesen. Diese Kohorte wurde aus Komplexitätsgründen zusammengefasst und soll im Rahmen der vorliegenden Arbeit nicht differenziert betrachtet werden.

kräften. RAUSCHENBACH weist auf eine deutlich Tendenz zur Verfachlichung und Akademisierung des Arbeitsfeldes Heimerziehung hin (vgl. RAUSCHENBACH 2007: 19). „Besser und formal höher ausgebildete Fachkräfte prägen heute das Bild der stationären Erziehungshilfe, die noch in den 1960er-Jahren mit dem Image einer kasernenähnlichen und qualifikationsarmen Anstaltserziehung zu kämpfen hatte" (RAUSCHENBACH 2007: 19). Wie aus Tabelle 2 hervorgeht, sind in den Arbeitsbereichen der Heimerziehung überwiegend Fachkräfte mit dem Berufsabschluss „Staatlich anerkannte(r) ErzieherIn" beschäftigt (49%). Gegenüber der Gruppe der „akademischen Abschlüsse" mit 27% und der Gruppe „weitere nicht akademische pädagogische Abschlüsse und Qualifikationen" mit 24% stellt der Berufabschluss „Staatlich anerkannte(r) ErzieherIn" eine deutliche Mehrheit dar. Dieses Ergebnis spiegelt sich auch in der Zusammensetzung des pädagogischen Personals im Tätigkeitsfeld der stationären Erziehungshilfen des Erziehungshilfevereins Göltzschtal e.V.

Tabelle 3: Überblick über die Berufsabschlüsse im Arbeitsfeld Heimerziehung beim Erziehungshilfeverein Göltzschtal e.V. (Stand: 23.05.2008)

Päd. Personal gesamt	staatl. anerk. Erz.	staatl. anerk. HEP	Dipl.-SozPäd.	Dipl. Päd. Dipl. Erz.	Heilpäd.	Dipl. Psych.	Fam. Helfer
136 (davon ♀ = 108 ♂ = 28)	107	7	9	4	5	1	12

(Quelle: internes Dokument des Trägervereins)[31]

Da bundesweit in den stationären Erziehungshilfeeinrichtungen der Berufsabschluss „Staatlich anerkannte(r) ErzieherIn" am häufigsten vorkommt, soll an dieser Stelle diese dreijährige Ausbildung näher untersucht werden.
Die Erzieher werden an Fachschulen für Sozialwesen/Sozialpädagogik ausgebildet (in Bayern: Fachakademien). In den letzten Jahren wurde immer wieder vermehrt Kritik an der deutschen Erzieherausbildung geübt, da sie an die veränderten Bedingungen von Erziehung in Zeiten der Individualisierung und Pluralisierung nicht zureichend angepasst wurde. Aus diesem Grund bildet sie im europäischen Vergleich das Schlusslicht (vgl. www.kindergartenpaedagogik.de/1057.html Abruf-

---
31 Fußnote wurde aus rechtlichen Gründen entfernt.

datum 19.07.09).[32] In anderen Ländern werden Erzieher in akademischen Bildungsgängen auf ihre beruflichen Aufgaben vorbereitet. Um der Themenstellung der vorliegenden Arbeit gerecht zu werden, stellt sich insbesondere die Frage, wie in Deutschland zukünftige Erzieher auf die Zusammenarbeit mit den Herkunftsfamilien von ihnen anvertrauten Kindern und Jugendlichen vorbereitet werden.
Der VERBAND KATHOLISCHER EINRICHTUNG DER HEIM- und HEILPÄDAGOGIK e.V. konstatiert den zunehmenden Eingang der Thematik Eltern- und Familienarbeit in die schulische Ausbildung seit den 1970ern (vgl. VERB. KATH. EINRICHTUNGEN 1989: 23). Dies beruhte auf der Annahme, dass Eltern- und Familienarbeit auch Teil der Erzieherausbildung sein muss, wenn sie im Berufsleben Teil der alltäglichen pädagogischen Arbeit sein wird. Im Zuge der fachlichen Weiterentwicklung der letzten 30 Jahre wurden auch die Lehrpläne entsprechend angepasst. „Das Lernziel [Eltern- und Familienarbeit, der Verfasser] ist umso präziser, detaillierter und ‚dringender' formuliert, je später der jeweilige Lehrplan entstanden ist" (VERB. KATH. EINRICHTUNGEN 1989: 23). Dennoch klagen viele berufstätige Erzieher über einen Qualifikationsmangel in Hinblick auf die Eltern- und Familienarbeit (vgl. GÜNDER 2007b: 232).
Auch wenn in der gegenwärtigen Berufsausbildung von Erziehern die Eltern- und Familienarbeit einen Schwerpunkt darstellt, so sind die meisten in stationären Einrichtungen tätigen Erzieherinnen und Erzieher bereits älteren Jahrgangs und es ist davon auszugehen, dass in ihrer Ausbildung noch eine stark kindzentrierte Sichtweise und familienersetzende Heimpädagogik gelehrt wurde (vgl. Tab. 4). Damals spielte eine intensive Eltern- und Familienarbeit eine sehr untergeordnete Rolle und Eltern wurden nicht selten als Störfaktor für den Entwicklungsprozess der Heranwachsenden in der Einrichtung angesehen. Im Rahmen beruflicher Sozialisationsprozesse wurden dementsprechende Haltungen und Einstellungen den Herkunftsfamilien gegenüber zwischen den Erziehergenerationen weitergegeben.[33]

---

32 Quelle: vgl. www.kindergartenpaedagogik/1057.html; Abrufdatum 19.07.09; siehe Anlage 6.
33 Trotz unterschiedlicher Entwicklung des Arbeitsfeldes in beiden deutschen Staaten lässt sich dieses Phänomen gleichermaßen in den alten und neuen Bundesländern beobachten. Die Ursache mag darin liegen, dass die Sicht auf die Eltern und das Selbstverständnis der Heimerziehung sich ähnelten.

Tabelle 4: Alterstruktur des gesamten pädagogischen Personals des Erziehungshilfevereins Göltzschtal e.V. (Stand: 23.05.2008)

Päd. Mitarbeiter gesamt	Altersklasse 20-29	Altersklasse 30-39	Altersklasse 40-49	Altersklasse Über 50
136	7	38	63	28

(Quelle: internes Dokument des Trägervereins)[34]

Anhand der Tabelle 4 zeigt sich, dass in den letzten zwei Altersklassen (ca. 40-65 Jahre) die meisten pädagogischen Mitarbeiter des Jugendhilfeträgers Erziehungshilfevereine Göltzschtal e.V. beschäftigt sind. Vermuten lässt sich nun, dass es gerade dieser Altersgruppe aufgrund der weit zurückliegenden Berufsausbildung schwerer fällt, mit den Familien fremduntergebrachter junger Menschen intensiv zusammenzuarbeiten, falls die Mitarbeiter sich nicht berufsbegleitend zu aktuellen Entwicklungen in der Heimerziehung weitergebildet haben.

Aber auch jüngere Erzieher und Berufsanfänger scheinen Probleme bei der Initiierung einer Erziehungspartnerschaft zwischen Familien und Fachkräften zu haben. Die Erzieher sind zwar ausbildungsbedingt gut auf die pädagogische Arbeit mit jungen Menschen vorbereitet, aber kaum auf die Kooperation mit den zugehörigen Eltern. Da Gruppenpädagogik und die Gestaltung von einer pädagogischen Atmosphäre innerhalb von Jugendhilfeeinrichtungen einen Schwerpunkt der Ausbildung darstellen, weisen Erzieher in diesen Bereichen Handlungssicherheit auf. Unsicherheiten treten jedoch bereits dann auf, wenn die Familie des Kindes zu Besuch in die Einrichtung kommt oder Telefonate und Gespräche mit Konfliktpotential geführt werden müssen. Eine unparteiische Position gegenüber den Familienmitglieder zu finden und die Kindorientierung zu Gunsten einer Familienorientierung aufzugeben, stellt oft unlösbare Anforderungen an die pädagogischen Fachkräfte (vgl. DREES 1998: 93).

Erschwerend kommt hinzu, dass das Thema Eltern- und Familienarbeit im berufsbildenden Unterricht meist aus der Perspektive der Kindertagesstätten behandelt wird und nicht auf das Zusammentreffen von Fachkräften und Familien im Rahmen der Erziehungshilfen eingegangen wird (vgl. VERB. KATH. EINRICHTUNGEN 1989: 22). Für die systematische Eltern- und Familienarbeit im Kontext der stationären Fremdunterbringung fehlen häufig auch notwendige fachtheoretische und methodische Kenntnisse. Unzureichendes Fachwissen – über

---

34   Siehe Fußnote 31.

die Lebenslagen und Lebenswelten der Familien von fremduntergebrachten jungen Menschen und familiendynamische Prozesse – führt zwangsläufig zur Fehlinterpretation von Verhaltensweisen der Familienmitglieder. „Wesentlicher Hintergrund hierfür sei die Befangenheit der Helfer in ihrem eigenen normativen Wertehorizont bzw. ihre Unfähigkeit, ‚Sinnsysteme' sozial benachteiligter familiärer Lebenswelten zu entschlüsseln" (DREES 1998: 110 f.).
Gerade junge Erzieher, die auf Eltern- und Familienarbeit in der stationären Erziehungshilfe nicht vorbereitet sind, solidarisieren sich häufig mit den von ihnen betreuten jungen Menschen gegen die Position der Eltern. „Sicherlich spielt dabei auch die Tatsache eine Rolle, daß [sic] in einem jüngeren Alter die Nähe zu den eigenen Eltern dazu beiträgt, elterliche Positionen und Rollen gegenüber distanzierter und eher die Partei für die Kinder und vor allem für ‚rebellierende' Jugendliche zu ergreifen" (CONEN 1992: 11).
Die zweitgrößte Gruppe der in der stationären Erziehungshilfe tätigen Mitarbeiter stellen die diplomierten Pädagogen (Dipl.-Soz.Päd., Dipl.-Päd. u.a.). Jedoch scheint auch in den Studiengängen Eltern- und Familienarbeit nur unzureichend beinhaltet zu sein. Der Grad ihrer Einbeziehung in die Ausbildung ist offenbar sehr vom Standort der Fachhochschule/Universität und ihren Lehrenden abhängig (vgl. VERB. KATH. EINRICHTUNGEN 1989: 23).
In Anlehnung an Autoren wie THIERSCH oder GALUSKE lässt sich deshalb auch bei den Hochschulabsolventen auf fehlende Kompetenzen bezüglich der Eltern- und Familienarbeit schließen (vgl. THIERSCH 2005: 202; GALUSKE 2002: 20). So können auch Vertreter dieser Gruppe mit ähnlichen Problemen wie die Erzieher konfrontiert sein. Allerdings kann man davon ausgehen, dass diplomierte Pädagogen einen Kenntnisvorsprung gegenüber Erziehern in den Bereichen fachtheoretisches Wissen (Adressaten und deren Lebenswelten; rechtliche Grundlagen; Psychologie; Gesprächsführung, Arbeitsfelder der Sozialen Arbeit etc.) und methodischer Umsetzung (Methodenkompetenz) besitzen. Ebenso eignen sich Hochschulabsolventen im Laufe ihres Studiums i.d.R. die Fähigkeit an, Themenkomplexe selbständig zu erschließen und sich im Rahmen von selbstgesteuerten Lernprozessen lebenslang weiterzubilden und zu qualifizieren. Die Hochschulabsolventen verfügen nach Abschluss ihres Studiums über einen breiteren „sozialpädagogischen Blick" und sind in der Lage, mit verschiedensten Adressatengruppen (Erwachsenen, Kindern und Jugendlichen, alten und behinderten Menschen, etc.) zu arbeiten. Auch lässt sich eine höhere Fähigkeit zur Selbstreflexion vermuten.

Zusammenfassend ist der Schluss nicht zulässig, dass Akademiker zwangläufig bessere und effektivere Eltern- und Familienarbeit als die staatlich anerkannten Erzieher leisten, da dies auch immer von der Persönlichkeit, Berufserfahrung, eigenem Geschick und Engagement, Kreativität und Problemlösungskompetenzen sowie den Motiven zur Berufswahl abhängt. Dennoch lässt es sich nicht leugnen, dass diplomierte Pädagogen ausbildungsbedingt Vorteile gegenüber der Berufsgruppe der Erzieher haben.

Bezüglich der Erzieher-Ausbildung lassen sich aus dem aktuellen sächsischen Lehrplan der entsprechenden Fachschulen bereits Bestrebungen erkennen, die den gesellschaftlichen Modernisierungsprozessen Rechnung tragen. So wurde Eltern- und Familienarbeit mit dem Lernfeld 7 „Eltern und Familien an der sozialpädagogischen Arbeit beteiligen" ins Curriculum aufgenommen. Der Zeitrichtwert umfasst 80 Unterrichtsstunden. Die in der vorliegenden Arbeit erörterten Wissensbestände, die für die Zusammenarbeit mit Herkunftsfamilien bedeutend sind, finden sich zum Teil in der Lernfeldbeschreibung wieder. Schwerpunkte sind demnach vor allem Partizipation, Koproduktion, Transparenz pädagogischer Prozesse, die Bedeutung von Netzwerkarbeit, Rollenverständnis der Fachkräfte und darausfolgende Haltungen und Einstellungen gegenüber den Familienmitgliedern. Insbesondere wird darauf hingewiesen, dass Eltern- und Familienarbeit in unterschiedlichen sozialpädagogischen Arbeitsfeldern entsprechend unterschiedliche Formen annehmen kann. Einer Beschränkung auf die Eltern- und Familienarbeit im Rahmen der Kindertagesbetreuung wird so entgegengewirkt.[35]
Bei fachgerechter Umsetzung der Lehrplaninhalte und entsprechender Reflexion nach Praktikumseinsätzen in den Arbeitsfeldern kann so eine fruchtbare Basis für eine systematische und effektive Zusammenarbeit zwischen Fachkräften und Familien geschaffen werden.
Zu den in der Ausbildung gewonnenen Wissensbeständen muss auch im Berufsleben in regelmäßigen Abständen eine Weiterqualifizierung erfolgen. Gerade die Heimmitarbeiter, die in ihrer Ausbildung aus verschiedenen Gründen keine Kenntnisse und Fertigkeiten im Bereich der Eltern- und Familienarbeit erworben haben, sollten sich über entsprechende Fort- und Weiterbildungsangebote intensiv mit der Thematik auseinandersetzen. „Höhere Anforderungen an die Heimmitarbeiter sowie an die Qualität der Arbeit des Heimes verlangen von ihnen den

---

35 Quelle: http://www.sachsen-macht-schule.de/apps/lehrplandb/downloads/lehrplaene/lp_fs_erzieher.pdf; Abrufdatum 27.07.09; siehe Anlage 4.

Erwerb weiterer Kenntnisse, Fertigkeiten und Fähigkeiten insbesondere verlangt die Arbeit mit Eltern im Heim eine weiterreichende Qualifizierung der Mitarbeiter, da mit ihr eine Öffnung nach außen verbunden ist. [...] Mitarbeiter im Gruppendienst sollten durch entsprechende Fortbildungen vor allem die Beziehungsdynamik zwischen ihnen, den Kindern und deren Eltern erkennen und ihre Interventionen danach ausrichten lernen" (CONEN 2002: 135). Besonders dann, wenn die Eltern- und Familienarbeit einer Einrichtung systemischen Charakter trägt, sind die Fachkräfte in systemischen Denk- und Handlungsweisen zu schulen. Dazu eignet sich beispielsweise eine „Weiterbildung zur/zum systemischen BeraterIn in der Jugendhilfe mit dem Schwerpunkt der Elternarbeit" wie sie z. B. vom Evangelischen Erziehungsverband (EREV) angeboten werden.[36]

CONEN konstatiert, dass in der Vergangenheit die Möglichkeiten der Fort- und Weiterbildung nur in geringem Maße ausgeschöpft wurden (vgl. CONEN 1992: 11). Die heute vielfältigen Fort- und Weiterbildungsmöglichkeiten im Rahmen der Heimpädagogik, lassen sich von den Mitarbeitern jedoch nur nutzen, wenn sie durch ausreichende Zeitkontingente im Dienstplan, Freistellungen und ein Entgegenkommen auf der finanziellen Ebene (z. B. teilweise Kostenübernahme der Weiterbildungsgebühren durch den Träger etc.) unterstützt und motiviert werden.

Neben der Teilnahme der Heimmitarbeiter an umfangreichen längerfristigen Fortbildungsmaßnahmen, gibt es auch weniger zeitaufwändige Möglichkeiten der Weiterbildung. *In der Weidiger Jugendhilfeeinrichtung des Erziehungshilfevereins Göltzschtal e.V. halten die Mitarbeiter im Wechsel kurze Referate zu verschiedenen Fachthemen. Die Fachkräfte erarbeiten diese in ihrer Freizeit und präsentieren ihren Kollegen so neue Wissensbestände, die der gesamten Belegschaft Nutzen bringen. Die Inhalte werden anschließend diskutiert und auf ihre Einsatzmöglichkeiten im pädagogischen Alltag geprüft. In letzter Zeit waren das Erstellen einer VIP-Karte, ressourcenorientierte Gesprächsführung, Minimax-Interventionen u.a. Thema. Im Zuge dessen wurde auch eine kleine Fachbibliothek angelegt.*
Darüber hinaus veranstaltet der freie Jugendhilfeträger Erziehungshilfeverein Göltzschtal e.V. zweimal jährlich einen „Pädagogischen Tag", an dem jeder Mitarbeiter einmal im Jahr verpflichtend teilnimmt. In verschiedenen Workshops, die von Mitarbeitern des Vereines in Eigenregie geplant und durchgeführt werden, erarbeiten die Teilnehmer Themen und präsentieren diese anschließend vorm Plenum. Im Rahmen dieser Veranstaltung wurde auch be-

---

36 Quelle: http://www.erev.de/dscontent/Fortbildungen-2009/?nr=144; Abrufdatum 27.07.09; siehe Anlage 5.

reits auf das Thema „Eltern- und Familienarbeit in der Heimerziehung" eingegangen.
Ebenso eine Form des Lernens im beruflichen Alltag stellt die kollegiale Beratung und die durch externe Fachkräfte durchgeführte Supervision dar. Um die anspruchsvolle und komplexe Aufgabe der Eltern- und Familienarbeit in stationären Erziehungshilfeeinrichtungen auf hohem Niveau durchzuführen, ist die Reflexion der pädagogischen Arbeit unabdingbar. „Die Reflexion der Arbeit mit den Kindern bzw. Jugendlichen sowie deren Eltern aber auch der Zusammenarbeit mit den Kollegen stellt eine wesentliche Voraussetzung für eine qualifizierte Heimerziehung dar. Die Entwicklung der Kinder sowie Probleme im Umgang mit den Kindern und ihren Familien bedürfen einer ständigen Diskussion, um so neue Ansatzpunkte für die Weiterarbeit mit dem Kind zu gewinnen" (CONEN 1992: 11).
Jedoch weist die Autorin auch darauf hin, dass die Möglichkeit der Supervision im Arbeitsfeld Heimerziehung nur wenigen Fachkräften zur Verfügung steht (vgl. CONEN 1992: 11). Es fällt in den Aufgabenbereich der Trägervertreter und Einrichtungsleiter, ausreichende Beratungs- und Supervisionsangebote für die Heimmitarbeiter zur Verfügung zu stellen. Da die Arbeit in der stationären Erziehungshilfe physisch und psychisch belastend ist, muss dieser Aspekt auch aus der Perspektive der Psychohygiene und Entlastung der Mitarbeiter gesehen werden.

9.1.2 Zusammenarbeit zwischen den Fachkräften in den Einrichtungen

Gemäß § 37 SGB VIII gehört Eltern- und Familienarbeit in die Aufgabendomäne der stationären Erziehungshilfeeinrichtungen. Der Gesetzgeber lässt jedoch die Frage offen, von wem die Zusammenarbeit mit den Herkunftseltern durchgeführt wird. Dazu findet man in der Fachliteratur drei verschiedene Modelle, auf deren Vor- und Nachteile an dieser Stelle eingegangen werden soll.
Vor allem in den 1970ern neigte man dazu, die Eltern- und Familienarbeit in der Heimerziehung auf Spezialdienste bzw. speziell ausgebildete Fachkräfte zu übertragen. „Vor dem Hintergrund, daß [sic] der Mitarbeiter / die Mitarbeiterin im Gruppendienst fachlichen Ansprüchen zur Realisierung der Arbeit mit den Eltern, wie auch immer definiert, nicht genügen zu scheint, sind / werden in Einrichtungen teilweise neue Spezialdienste etabliert bzw. die Aufgabe der Elternarbeit anderen hierarchischen Ebenen wie der des gruppenergänzenden Dienstes, der Erziehungs- oder Heimleitung zugeordnet" (DREES 1998: 101).

Die Zusammenarbeit mit den Familien wurde in der Vergangenheit oftmals auf einen Mitarbeiter – meist mit einer speziellen akademischen Ausbildung (Sozialpädagogen, Diplom-Pädagogen, Psychologen, Therapeuten etc.) – übertragen und somit zentralisiert. Die Tätigkeitsbezeichnung wurde dann häufig unter „Elternarbeiter" geführt. „Der Vorteil liegt darin, daß [sic] diese Leute über eine bessere methodische Ausbildung im Umgang mit den Eltern verfügen, der Nachteil, daß [sic] sie meist doch relativ alltagsfern sind und über jene konkreten Berichte und Anekdoten aus dem Alltag nicht verfügen, die den Eltern anzeigen, daß [sic] diese Personen mit ihren Kindern wirklich vertraut sind" (PLANUNGSGRUPPE PETRA 1988: 83).
Allerdings war diese Form der Durchführung von Eltern- und Familienarbeit häufig der Kritik ausgesetzt und hat in neuerer Zeit zunehmend zu einer Entspezialisierung geführt. „Angesichts der Komplexität von Lebenslagen und der Bedeutung der personalen Kontinuität bei der Arbeit mit Eltern, der Erkenntnis, daß [sic] erst aus dem gemeinsamen Erleben des Alltags und der Alltagsnähe zu den Eltern Beziehungs- und Arbeitsgrundlagen geschaffen werden, der Rivalität verschiedener Dienste in einer Einrichtung, der Gefahr weiterer Entfremdung und Spezialisierung erscheint eine Aufteilung des Arbeitsgebietes nicht sinnvoll" (DREES 1998: 101). Die Erzieher im Gruppendienst – welche wie oben gezeigt in der Mehrzahl den Berufsabschluss „Staatlich anerkannte(r) ErzieherIn" führen – empfanden diese Form der Arbeitsteilung häufig als Entmündigung (vgl. CONEN 2002: 153).[37]
„Durch die verstärkte Hereinnahme von Spezialisten ins Heim ist bei manchen Erziehern das Gefühl entstanden, wichtige Aufgaben entzogen bekommen zu haben" (CONEN 2002: 119). KOOB und KOOB konstatieren bei der Reflexion ihrer Einrichtungsgeschichte, dass die Absicht der Einführung einer methodischen Eltern- und Familienarbeit, zunächst den Teamgeist belastete, „[...] durch die Vorstellung, daß [sic] nur die Kollegen mit spezieller Weiterbildung diese durchführen könnten" (KOOB & KOOB 1992: 48). CONEN fasst dieses Verhältnis zwischen den Fachkräften folgendermaßen zusammen: „Elternarbeit stellt [...] die bestehende Helferhierarchie in Frage, denn wird ernstgemacht mit Elternarbeits-Konzepten, die den Gruppendienstmitarbeitern eine kontinuierliche und strukturierte Elternarbeit überlassen wollen, tauchen rasch Fragen nach den Unterschieden zwischen Spezi-

---

37 Bei Conen findet man eine umfassende Auseinandersetzung mit dem Thema „Erzieher und Spezialisten in der Heimerziehung", sowie „Erzieher und Therapeuten in der Heimerziehung" (vgl. CONEN 2002: 117 ff.).

alisten und Gruppenpädagogen auf (Bezahlung, Arbeitszeiten u.a.m.)" (CONEN 1992: 10).

Vor allem die Kritiker der Spezialdienste sprechen sich dafür aus, dass Eltern- und Familienarbeit primär in die Hände der Gruppenerzieher gehöre. „Effektive und effiziente Elternarbeit mit Beratungs- und Entscheidungskompetenzen setzt die Kenntnis und Bündelung aller relevanten Einflußfaktoren [sic] in einer Person voraus. Elternarbeit ist somit eine primäre Aufgabe der GruppenerzieherInnen" (DREES 1998: 103). Eine Vielzahl von Autoren sehen die Vorteile dieses Modells darin, dass die Erzieher im Gruppendienst die alltäglichen Ansprech- und Interaktionspartner der jungen Menschen sind und über eine hohe Vertrautheit mit deren Alltag und Verhaltensweisen verfügen (vgl. PLANUNGSGRUPPE PETRA 1988: 83). „Die jeweils hauptverantwortliche Erziehungsperson, die das Kind am besten kennt, ist auch die beste Ansprechpartnerin für dessen Eltern. Sie kann am besten ihre Förderung der Entwicklung des Kindes abstimmen und koordinieren mit dem Einbezug der Eltern in den Erziehungsprozess und mit der Elternberatung" (GÜNDER 2007b: 255 f.). Allerdings wird dieser Vorteil in der Regel mit dem Hinweis auf die unzureichende Qualifikation der Erzieher im Gruppendienst für die Eltern- und Familienarbeit abgewiesen. Der Nachteil dieses Modells ist darin zu sehen, dass die Erzieher im Gruppendienst „[...] sowohl auf der konzeptionellen Ebene für systematische Elternarbeit nicht hinreichend geschult waren, wie auch auf der sozialen Ebene über die Souveränität oft nicht verfügten, über die man gerade bei dynamischen und konfliktgeladenen Gesprächen verfügen muß [sic]" (PLANUNGSGRUPPE PETRA 1988: 83). Daran wird bereits seit vielen Jahren die Forderung geknüpft, die Erzieher im Gruppendienst durch die berufliche Aus- und Weiterbildung entsprechend auf die Zusammenarbeit mit den Angehörigen der fremduntergebrachten jungen Menschen vorzubereiten.
Wird in einer Einrichtung der stationären Erziehungshilfe die Eltern- und Familienarbeit von den Erziehern im Gruppendienst durchgeführt, dann eignet sich in diesem Zusammenhang das Bezugserziehersystem.[38] „*Jedes Kind/jeder Jugendliche wählt sich in den ersten Wochen seines Aufenthaltes in der Wohngruppe unter den Pädagogen und Pädagoginnen eine Person seines Vertrauens (Bezugs- oder Vertrauenserzieher oder Vertrauenserzieherinnen), die/der sich dann besonders intensiv um alle Belange kümmert.*

---

38   In manchen Einrichtungen auch Kontakterziehersystem genannt.

Diese Erzieherin/dieser Erzieher bemüht sich auch um einen guten Kontakt zum Elternhaus des betreffenden Kindes/Jugendlichen. Die Heranwachsenden sollen echte Anteilnahme, Engagement und ein hohes Maß an persönlicher Zuwendung erfahren. Dabei wird Kontinuität angestrebt."[39]

Wenn der entsprechende Bezugserzieher die Zusammenarbeit mit der Herkunftsfamilie des jungen Menschen übernimmt, bedeutet dies nicht, dass andere Kollegen aus der Gruppe oder Einrichtung keine Eltern- und Familienarbeit mit der Familie betreiben dürfen. Alle Heimmitarbeiter leisten i.d.R. Eltern- und Familienarbeit auf dem Niveau der Kontaktpflege und des Informationsaustauschs. Aufgrund der Arbeits- und Dienstplanstruktur in stationären Erziehungshilfeeinrichtungen, die für die Erzieher im Gruppendienst meist variablen Schichtdienst vorsieht, ist dies notwendig. So kann es vorkommen, dass ein Bezugserzieher mehrere Tage nicht im Dienst ist. Es erweist sich dann als günstig, wenn die Heimmitarbeiter ihre Familien über solche Zeiträume informieren und die Eltern wissen, an wen sie sich im Notfall wenden können. Bei längerer Abwesenheit (Krankheit, Urlaub etc.) der Erzieher sind die Familien in jedem Fall zu informieren und mit ihnen eine Alternative bzw. Stellvertretung einzurichten. Die Dienstplanung spielt in Zusammenhang mit der Eltern- und Familienarbeit eine bedeutende Rolle. „Dabei sind nicht nur die Dienstzeiten zu planen sondern auch mit spezifischen Arbeitsinhalten auszugestalten, wie beispielsweise der Reservierung eines feststehenden Wochentages für die Arbeit mit den Eltern" (DREES 1998:103).

In einigen Einrichtungen wurden die Erzieher im Gruppendienst über verschiedene Zusatzausbildungen entsprechend für die Zusammenarbeit mit dem Herkunftssystem der Minderjährigen weiterqualifiziert. Als günstig erweist sich eine systemische Ausbildung für die Jugendhilfe respektive den Heimbereich (vgl. TAUBE & VIERZIGMANN 2000: 10). Die Inhalte dieser Zusatzqualifikationen orientieren sich an pädagogischen, psychologischen und familientherapeutischen Arbeitsansätzen. „Nun sind sicherlich die Gruppenerzieher(innen) keine Therapeut(innen) [sic], und sie wären überfordert, wenn sie Therapieversuche unternehmen wollten. Die Kenntnis und das Verständnis von theoretischen Erklärungsmodellen als Verursachung und Dynamik psychischer Störungen und Gefährdungen können pädagogische Haltungen und Handlungen der Erzieher(innen) prägend bestimmen.

---

39 Quelle: Konzeptionspapiere Sozialpädagogische Wohngruppe des Erziehungshilfevereins Göltzschtal e.V. in Weidig.

Die Pädagogik berücksichtigt dann die individuelle Entwicklung und ihre Gefährdungsmomente sowohl aufseiten der Kinder als auch bei den Eltern. Die bewusste und überlegte Erziehung und Beratung wird dann nicht so leicht bereits vorhandene Problembereiche verfestigen oder verstärken, sondern zu deren Abbau beitragen. Erziehung und Elternarbeit orientieren sich an therapeutischen Modellen. Auch wenn keine eigentliche Therapie betrieben wird, so ist doch die Richtung therapeutisch" (GÜNDER 2007b: 256).

Gerade dann, wenn qualifizierte Gruppendienstmitarbeiter intensiv mit der Herkunftsfamilie zusammenarbeiten, können familiäre Problematiken und Konflikte aufbrechen, die der Heimmitarbeiter aufgrund seiner beruflichen Qualifikation, aber auch der zeitlichen Ressourcen nicht bearbeiten kann. Aus diesen Gründen entwickelte sich mancherorts eine dritte Möglichkeit der personellen Ausgestaltung von Eltern- und Familienarbeit: eine Kooperationsform zwischen den Bezugserziehern und speziell ausgebildeten Fachkräften (vgl. PLANUNGSGRUPPE PETRA 1988: 83). Dies bedeutet, dass die Erzieher im Gruppendienst verschiedene Möglichkeiten der Unterstützung durch Spezialdienste (z. B. Elternberater) erfahren. „Die Rolle der Gruppenerzieher(innen) ist nicht unterbewertet, wenn zusätzlich ein(e) Elternberater(in) vorhanden ist. Diese Fachkraft nimmt die Erzieher(innen) nicht aus ihrer Verantwortung für die Elternarbeit, sondern unterstützt und ergänzt sie dort, wo dies aus Zeitgründen und/oder wegen spezieller therapeutischer Bedürfnisse notwendig erscheint" (GÜNDER 2007b: 257). In der Heimerziehungspraxis sind vielfältige Unterstützungsarrangements für Gruppenerzieher denkbar.
In der Sozialpädagogischen Wohngruppe des Erziehungshilfevereins Göltzschtal e.V. können die Bezugserzieher sich ratsuchend an die Einrichtungsleiterin wenden. Bei Verdacht auf sexuellen Missbrauch steht eine Psychologin zur telefonischen Beratung zur Verfügung und stimmt mit dem betreffenden Mitarbeiter weitere Handlungsschritte ab. Außerdem existiert eine trägerinterne Arbeitsgruppe „Eltern- und Familienarbeit", an der sich jeweils ein abgesandter Mitarbeiter jeder Einrichtung beteiligt.

Bei allen Formen der Kooperation zwischen Gruppenerziehern und auf Eltern- und Familienarbeit spezialisierten Fachkräften ist darauf zu achten, dass Rahmenbedingungen für eine partnerschaftliche Zusammenarbeit geschaffen werden (vgl. GÜNDER 2007b: 257). An der Schnittstelle zwischen den verschiedenen Fachkräfte lauert die Gefahr der Reproduktion von familiären Dynamiken in der Einrichtung.

„Damit sind beispielsweise unklare innerinstitutionelle Aufgabenbeschreibungen, verwaschene Entscheidungskompetenzen oder differente Zielsetzungen, aber auch Kompetenzgerangel und Eifersüchtelein zwischen Institutionen, wie Jugendamt und Heim, gemeint. Auch nicht reflektierte Konkurrenz zwischen Professionellen kann zu einer pädagogisch nicht erwünschten Reproduktion der familialen Ursprungsdynamik führen" (HANSEN 1999: 1027).

9.1.3 Zeitliche, personelle und finanzielle Ressourcen

Als Hindernis in der Eltern- und Familienarbeit stationärer Erziehungshilfeeinrichtungen wird von den Mitarbeitern häufig angeführt, dass neben der Erziehungs- und Betreuungsarbeit im Gruppendienst kaum Zeit verbleibe, um intensiv mit den Eltern der Kinder und Jugendlichen zusammenzuarbeiten (vgl. GÜNDER 2007b: 233 f.). Wie bereits ausführlich erläutert, ist eine systematische Eltern- und Familienarbeit sehr zeitintensiv, da die Elternkontakte koordiniert, vorbereitet, dokumentiert und reflektiert werden müssen. Dieser hohe Zeitaufwand wird oft als zusätzliche Belastung wahrgenommen, wenn im Dienstplan keine Zeitkontingente für die Zusammenarbeit mit den Herkunftssystemen vorgesehen sind. Aus finanziellen und personellen Gründen ist es meist nicht möglich, eine entsprechende Anzahl an „Doppeldiensten" zu realisieren. Im Rahmen der angeführten Argumente wird seitens der Einrichtungen nicht selten gerechtfertigt, dass eine intensive und regelmäßige Eltern- und Familienarbeit zwangsläufig vernachlässigt werden müsse.

Der entlastende Faktor der Einbeziehung der Familien in die pädagogische Arbeit der stationären Erziehungshilfeeinrichtungen wird in diesem Kontext verkannt. „Es ist jedoch eine verkürzte Sichtweise, wenn die Elternarbeit vorwiegend unter dem Aspekt der zusätzlichen Arbeitsbelastung bewertet wird. Elterarbeit kann und wird auch zu Entlastungen bei der Wahrnehmung von erzieherischen Aufgaben verhelfen" (GÜNDER 2007b: 234). Eine entlastende Wirkung haben Besuche der Eltern in der Einrichtung beispielsweise, wenn wie in Kapitel 8.2.6 beschrieben, alltägliche Aufgaben durch die Familienmitglieder wahrgenommen werden. Dazu gehört u.a. das gemeinsame Erledigen von Hausaufgaben, Arztbesuchen und Bekleidungskauf. Der Kontakt zu den Eltern bzw. das Erleben der elterlichen Kompetenz wirkt sich positiv auf die Eltern-Kind-Beziehung aus und bestärkt damit den jungen Menschen. „Wenn im Zuge einer gekonnten Elternarbeit weniger Probleme bei Kindern und Jugendlichen auftreten und möglicherweise neu auftretende Schwierigkeiten weniger stark zu befürchten sind, dann können wir feststellen, dass Elternarbeit nicht eine zusätzliche Belastung, sondern eine Erweiterung des Handlungsfeldes bedeutet" (GÜNDER 2007b: 234). Nicht zuletzt wird damit die pädagogische Arbeit im Gruppendienst von den Heimmitarbeitern als befriedigender und weniger (emotional) belastend wahrgenommen, was die Motivation zur Durchführung von Eltern- und Familienarbeit wiederum erhöht (vgl. CONEN 2002: 105 ff.).

Wenn Eltern- und Familienarbeit eine sozialpädagogische Aufgabe der Heimerziehung darstellt, dann muss sie auch in der Finanzierung der stationären Einrichtungen beachtet werden. „Wenn es in § 37, Abs. 1 KJHG [SGB VIII; der Verfasser] heißt, daß [sic] die Erziehungsbedingungen in der Herkunftsfamilie innerhalb eines im Hinblick auf die Entwicklung des Kindes oder Jugendlichen vertretbaren Zeitraumes so zu verbessern sind, daß [sic] die Eltern das Kind oder den Jugendlichen wieder selbst erziehen können, müssen Zeitkontingente freigesetzt werden, die deutlich über bisherige in der Regel nur beraterische Angebote hinauszugehen haben" (DREES 1998: 92). Während in der Vergangenheit häufig über Finanzierungsprobleme bzw. eine unzureichende Finanzierung berichtet wurde, so kann man heute konstatieren, dass die Eltern- und Familienarbeit in der Pflegesatzstruktur der stationären Einrichtungen zunehmend Berücksichtigung findet (vgl. THIERSCH 2005: 106).

9.1.4 Räumliche Entfernung zur Herkunftsfamilie

In der traditionellen Heimerziehung achtete man darauf, dass im Falle der Fremdunterbringung von Mädchen und Jungen ein möglichst weit entfernter Unterbringungsort gewählt wurde, um den vermeintlich schädlichen Einfluss des Herkunftssystems auszuschalten. Wie bereits in Kapitel 4.2.2 gezeigt, hat man sich seitens der öffentlichen Jugendhilfe weitestgehend von einer solchen Belegungspraxis verabschiedet. Dennoch argumentieren Heimmitarbeiter nicht selten damit, dass die Einbindung der Familienmitglieder in die pädagogische Arbeit der stationären Erziehungshilfeeinrichtungen aufgrund der räumlichen Distanz zur Herkunftsfamilie kaum zu leisten sei. Dies muss wiederum mit dem oben beschriebenen Zeit- und Kostenfaktor in Verbindung gebracht werden. So müssen längere Anfahrten zu Hausbesuchen bei den Eltern im Dienstplan berücksichtigt und Reisekosten abgedeckt werden.

Die untenstehende Tabelle (Tab. 5) zeigt die Entfernungen zwischen Unterbringungsort des Minderjährigen in der Sozialpädagogischen Wohngruppe des Erziehungshilfevereins Göltzschtal e.V. in Weidig und dem Wohnort seiner Herkunftsfamilie.

Tabelle 5: Räumliche Entfernung zwischen Sozialpädagogischer Wohngruppe und Wohnort der Familien (bzw. Elternteile) – Stand 30.06.2009

Nummer Kind/Jugendlicher[40]	Geschlecht, Alter in Jahren	Entfernung zum Wohnort der Mutter in km	Entfernung zum Wohnort des Vaters in km	Zuständiges Jugendamt	Bemerkungen
1	♂ 10	3	o.A.	Ortsansässiges Jugendamt[41]	Vater verstorben
2	♂ 11	8	25	Ortsansässiges Jugendamt	Herkunftseltern sind getrennt
3	♂ 9	3	30	Ortsansässiges Jugendamt	Geschwister[42]; Herkunftseltern sind getrennt
4	♀ 11	3	30	Ortansässiges Jugendamt	Geschwister; Herkunftseltern sind getrennt
5	♀ 11	3	30	Ortsansässiges Jugendamt	Geschwister; Herkunftseltern sind getrennt
6	♀ 16	4	o.A.	Ortsansässiges Jugendamt	Herkunftseltern sind getrennt

---

40   In der vorliegenden Tabelle wurde aufgrund des Schutzes von Sozialdaten §§ 61-68 SGB VIII auf Namen und persönliche Daten verzichtet. Für reale Namen der Heranwachsenden wurden aus diesem Grund Nummern verwendet.
41   Das ortsansässige Jugendamt ist das Jugendamt des Vogtlandkreises.
42   Bei den Kindern 3, 4, 5 handelt es sich um Geschwister.

7	♀ 17	4	2	Ortsansässiges Jugendamt	Herkunftseltern sind getrennt
8	♀ 10	1	4	Ortsansässiges Jugendamt	Herkunftseltern sind getrennt
9	♂ 11	o.A.	o.A.	Anderes Jugendamt	Migrationshintergrund[43]
10	♀ 14	o.A.	o.A.	Ortsansässiges Jugendamt	Migrationshintergrund

(eigene Darstellung)[44]

Auffallend positiv ist die wohnortnahe Unterbringung der jungen Menschen i.d.R. durch das ortsansässige Jugendamt. Weiterhin ist signifikant, dass kein Kind oder Jugendlicher aus einer „vollständigen" Familie stammt (vgl. Kap. 4.3), d.h. Mutter und Vater leben getrennt; in einigen Fällen sogar in anderen Städten.[45] Nicht selten haben die jungen Menschen kaum Kontakt bzw. keine Beziehung zu ihren leiblichen Vätern, die häufig auch in größerer Entfernung wohnen. Allerdings kann davon ausgegangen werden, dass die Mädchen und Jungen großes persönliches Interesse daran haben, auch die abwesenden Väter kennen zu lernen bzw. Beziehungen aufzubauen. Deshalb sind – orientiert am Einzelfall – angemessene Formen des Kontaktes zu erarbeiten bzw. Beziehungsabbrüche zu bearbeiten.

Die milieunahe Unterbringung von jungen Menschen kommt der Eltern- und Familienarbeit stationärer Erziehungshilfeeinrichtungen entgegen. Größere Entfernungen zwischen den Einrichtungen und den

---

43   Die Kinder 9 und 10 sind sogenannte „Niemandskinder". Sie haben Migrationshintergrund (z. B. Kriegsflüchtlinge). Es bestehen keine Kontakt zu den Eltern bzw. die Eltern und deren Aufenthaltsort sind unbekannt. Auch bei diesen Kindern und Jugendlichen ist Eltern- und Familienarbeit zu leisten. Dies kann durch Gespräche über die Familie geschehen. Nicht selten müssen hierfür erst in Zusammenarbeit mit anderen Institutionen (z. B. Ausländerbehörde, Botschaften) Informationen über die Familien, aber auch über die Umstände der Einreise gesammelt werden. Die Minderjährigen sind angemessen bei der Suche nach ihrer Familie und ihrer Herkunft zu unterstützen.

44   Die Daten wurden vom Verfasser der vorliegenden Arbeit aus den persönlichen Akten der Kinder und Jugendlichen entnommen.

45   Nicht beurteilt werden kann an dieser Stelle die familiäre Situation der Minderjährigen mit Migrationshintergrund.

Wohnorten der Familien (bzw. Elternteile) machen Eltern- und Familienarbeit zwar mitunter schwieriger, jedoch nicht unmöglich. So ist eine nicht-sozialraumbezogene Unterbringung keine Rechtfertigung für unzureichende oder gar fehlende Zusammenarbeit mit den Herkunftseltern. In Kapitel 8.2.9 wurde auf Möglichkeiten der Eltern- und Familienarbeit ohne Eltern und andere Angehörige hingewiesen (z. B. bei seltenen Kontakten zwischen Kind und Herkunftsfamilie oder Aussetzen von Kontakten).

Als Abschlussresümee sollen an dieser Stelle Erkenntnisse aus der empirischen Erhebung der PLANUNGSGRUPPE PETRA dienen: „Wir hatten auf der einen Seite Heime mit relativ weit gestreutem Einzugsbereich, die dennoch eine systematische Elternarbeit leisteten auf der anderen Seite Heime mit ganz eng regionalisierter Unterbringung, die sich nahezu am Nullpunkt der Elternarbeit befanden. Elternarbeit ist also offensichtlich nicht geographieabhängig, sondern eine Konzeptvariable, deren faktisches Leisten von der grundlegenden Einschätzung ihrer Wichtigkeit abhängt" (PLANUNGSGRUPPE PETRA 1988: 80 f.).

9.2 Die Zusammenarbeit zwischen Eltern/ Familien und pädagogischen Fachkräften

Neben den bereits erläuterten strukturellen Hindernissen (Arbeitsbedingungen) stellt die Eltern-Fachkräfte-Interaktion einen zentralen Problembereich der Eltern- und Familienarbeit in stationären Erziehungshilfeeinrichtungen dar. Als problematisch erweist sich dabei häufig eine gestörte Kommunikation zwischen den Vertretern der beiden Sozialisationsinstanzen, die zu Missverständnissen, Konkurrenzsituationen und Rivalität führen kann.

In der Praxis klagen die Heimmitarbeiter häufig über fehlende Motivation der Familienmitglieder zur Zusammenarbeit mit den Einrichtungen.[46] Als Argument dafür wird häufig angeführt, dass Eltern Termine und Absprachen nicht einhalten würden, kein Interesse am Kind zeigen, durch ihr Verhalten pädagogische Bemühungen der Fachkräfte stören und Erfolge in der erzieherischen Arbeit durch die Einrichtung beschneiden. Weiterhin wird genannt, dass Familienmitglieder die Heimmitarbeiter aus verschiedenen Gründen nicht akzeptieren

---

46 Demgegenüber muss an dieser Stelle hervorgehoben werden, dass es auch Eltern bzw. Familien gibt, mit den eine intensive und effektive Zusammenarbeit möglich ist (vgl. CONEN 1987: 29).

bzw. als Konkurrenten um ihr Kind ansehen würden (vgl. GÜNDER 2007b: 231 f; vgl. CONEN 1987 28 f.).
Die mangelnde Bereitschaft zur Kooperation mit den Fachkräften muss allerdings vor dem Hintergrund der schwierigen Lebensumstände der Familien verstanden werden (vgl. Kap. 4.3). Angesichts der Heimunterbringung ihrer Kinder sehen sich die meisten Eltern mit Scham, Schuld, Versagensgefühlen und dem „Beweis" ihrer elterlichen Inkompetenz konfrontiert.[47] Hinzu kommen Vorbehalte und Ängste der Eltern gegenüber dem Heim als „Organ sozialer Kontrolle und Sanktionierung". Dies ist insbesondere der Fall, weil sie die Fremdunterbringung i.d.R. emotional „[...] als unfreiwillige Maßnahme, als Beschneidung ihrer elterlichen Rechte, als Eingeständnis ihres eigenen Unvermögens erleben. [...] sie empfinden den Heimaufenthalt ihres Kindes als Strafe und als Ungerechtigkeit" (GÜNDER 2007b: 231). Unter diesen Voraussetzungen wird die ablehnende Haltung der Familie gegenüber den Vertretern der stationären Einrichtungen verstehbar. Besonders dann, wenn sich die Minderjährigen unter Einfluss der pädagogischen Fachkräfte positiv entwickeln, können sich Eltern aus Neid und Eifersucht den Bemühungen der Eltern- und Familienarbeit des Heims verschließen und die Beziehung zum Kind resigniert abbrechen. Die Unmutsgefühle der Eltern können sich allerdings auch in Form eines offenen Kampfes um das Kind äußern. „Andere [Eltern; der Verfasser] versuchen sich zu entlasten, indem sie den Erzieherinnen und Erziehern Fehler nachweisen und sich auf Äußerlichkeiten konzentrieren, wie Sauberkeit und Ordnung. Manche wünschen sich unbewusst, das Heim möchte ebenfalls an ihrem Kind scheitern, sabotieren beispielsweise die Bemühungen des Heims, indem sie das Kind verwöhnen und gegen die Grundsätze und Regeln des Hauses aufbringen" (TAUBE 2000: 34).
Verhalten sich Familien in der beschriebenen Art und Weise, stellt dies häufig eine Reaktion auf den Umgang der Fachkräfte mit ihnen dar. Dies legt die Forderung nahe, dass auch Heimmitarbeiter ihr Verhalten gegenüber den Familien kritisch reflektieren und prüfen müssen.
Häufig zeigen auch pädagogische Fachkräfte eine zurückhaltende bis ablehnende Haltung gegenüber den Herkunftsfamilien „ihrer" Kinder und Jugendlichen (vgl. CONEN 2002: 93). Ihre Einstellung ist nicht selten geprägt von Vorurteilen, die die Eltern als „erziehungsunfähig", „unkooperativ", „erbärmlich" und „nicht behandelbar" etikettieren. Unter diesen Voraussetzungen werden Eltern als Eindringlinge, Geg-

---

47 Dies wurde bereits in der Studie von JOSEF FALTERMEIER in Kapitel 5.7 belegt.

ner und Saboteure, aber nicht als Partner im Erziehungsprozess wahrgenommen. Allgemein lässt sich auch für die moderne Heimerziehung festhalten, dass sie gekennzeichnet ist durch ein mäßig „elternfreundliches" Bild, welches Misstrauen und Voreingenommenheit gegenüber dem Herkunftsmilieu widerspiegelt (vgl. HANSEN 1999: 1024). Die Hemmungen der Heimmitarbeiter in der Arbeit mit den Eltern sind nicht zuletzt zurückzuführen auf die beschriebenen Ausbildungsdefizite, aber auch Unwissenheit um die Lebenssituationen der Ursprungsfamilien und erlebte eigene Misserfolge in den Bemühungen um eine gute Zusammenarbeit. „Diese Unsicherheiten spiegeln sich sowohl im Besserwissen und autoritärem Verhalten gegenüber einzelnen Eltern wieder als auch in der persönlichen Betroffenheit und Verärgerung der Mitarbeiter bei Angriffen durch die Eltern" (CONEN 1987: 32). Pädagogische Fachkräfte neigen dazu, den Eltern die Schuld für ihre prekären Lebenssituationen zuzuschreiben und entwickeln (bewusst oder unbewusst) den Wunsch, die jungen Menschen vor der vermeintlichen Gefährdung durch ihre Eltern zu schützen. In der Folge werden Eltern noch mehr von ihren Kindern isoliert und von deren Entwicklung abgeschnitten. Die defizitorientierte Sichtweise der Heimmitarbeiter spüren die Eltern und verhalten sich häufig so, dass die bestehenden Vorurteile ihnen gegenüber Bestätigung auf Seiten der Professionellen erfahren (Erwartungseffekt) (vgl. CONEN 2002: 93 ff.).
Aufgrund mangelnder Kenntnisse über die familiäre Situation kommt es außerdem häufig vor, dass die Erwartungen der Heimmitarbeiter an die Eltern zu hoch gesteckt sind (vgl. CONEN 1987: 32). So fallen Appelle an das Verhalten der Eltern meist nicht auf fruchtbaren Boden und die bezweckte Änderung des elterlichen Verhaltens bleibt aus, selbst wenn Eltern sich einsichtig zeigen. „Erfahrungsgemäß führt Einsicht in die Hintergründe von Handlungen und Verhalten nicht notwendigerweise zu deren Veränderung. Ausbleibende Veränderungen resultieren jedoch in Enttäuschung und Nachlassen der Bemühungen um die Eltern. Als hilfreicher erweist es sich in der Regel, die Sinnhaftigkeit des bisherigen Verhaltens zu verstehen und auf dessen Verständnis basierend, alternative Sichtweisen und Handlungsmöglichkeiten zu entwickeln" (CONEN 2002: 96).
Im Bereich der Heimerziehung scheint das alte Paradigma des Familienersatzes noch nicht allerorts überwunden. Im Fokus der pädagogischen Arbeit steht oftmals allein der junge Mensch, welcher losgelöst von seinem familiären Umfeld gedacht wird. Die Herkunftsfamilie wird somit an den Rand gedrängt. Auch der Perspektivwechsel in die Situation der im Haushalt verbliebenen Familienmitglieder scheint

vielen Heimmitarbeitern noch Schwierigkeiten zu bereiten. In der Folge zeigen die Heimerzieher eine deutliche Parteinahme für die ihnen anvertrauten Kinder und Jugendlichen, was häufig gleichbedeutend ist mit einer Position gegen die Eltern. Es entsteht eine rivalisierende und unproduktive Situation zwischen Herkunftsfamilie und stationärer Erziehungshilfeeinrichtung. Dies kann gipfeln in der Frage: „Wer sind die besseren Eltern?" (vgl. CONEN 2002: 96 f.). In Kapitel 6.2.1 wurden bereits die so entstehenden Loyalitätskonflikte der jungen Menschen beschrieben. In einer Situation, in der Eltern und Heimmitarbeiter um den Einfluss und die Zuneigung des Kindes kämpfen und sich gegenseitig Vorwürfe machen, kann das Kind nur der Leidtragende sein.

Das oben skizzierte Problem der starken Parteinahme für das Kind (und damit oft gegen die Eltern) scheint darin begründet, dass mit der beruflichen Sozialisation von helfenden Berufen eine starke Identifikation mit den „Leidenden" (in diesem Fall die jungen Menschen) einhergeht. Die pädagogischen Fachkräfte tendieren dazu, den Heranwachsenden die Opferrolle und den Eltern die Täterrolle zuzuweisen. Sie selbst definieren sich in diesem Beziehungsgeflecht nicht selten als Anwalt oder Retter der jungen Menschen (vgl. SCHRAPPER 2004: 184 ff.; TAUBE 2000: 34; CONEN 2002: 98 ff.). Dieses Rollenverständnis führt zwangsläufig zu dem Verlust einer neutralen, objektiven Position der Heimmitarbeiter und findet ihren Höhepunkt in der Ausgrenzung der Eltern.

Gerade in stationären Einrichtungen, die konzeptionell eine geringe Familienorientierung aufweisen (wenige Kontakte zu den Herkunftsfamilien), sind die pädagogischen Mitarbeiter der Gefahr ausgesetzt, zu starke emotionale Beziehungen mit den jungen Menschen einzugehen (vgl. GÜNDER 2007b: 233). Solche übermäßig starken emotionalen Bindungen zwischen den pädagogischen Fachkräften und den Minderjährigen können zu Konflikten und Enttäuschungen aller Beteiligten (Heimmitarbeiter und Familienmitglieder) führen. Das Verhalten der jungen Menschen (gerade bei Loyalitätskonflikten) kann die pädagogischen Mitarbeiter emotional stark belasten (vgl. CONEN 2002: 101 ff.). Ebenso emotional überfordernd kann sich in diesem Zusammenhang auch der Abschied eines jungen Menschen aus der Einrichtung (Rückführung in die Herkunftsfamilie) gestalten. „Dann müssen die Erzieher(innen) das liebgewordene Kind wieder hergeben" (Günder 2007b: 233). Eine zeitliche Befristung der stationären Unterbringung und regelmäßige Kontakte zu den Herkunftsfamilien nehmen die pädagogischen Mitarbeiter in ihrer Beziehung zum Kind emotional weniger stark in Anspruch und stellen somit eine Entlastung für sie dar (vgl. CONEN 2002: 86 f.).

Eine weitere Ursache für die Überidentifikation der pädagogischen Mitarbeiter mit den minderjährigen Mädchen und Jungen sieht CONEN in einer (unbewussten) Wiedergutmachung eigener erfahrener biographischer Kränkungen und Verletzungen. „Hintergrund für das Engagement bildet das Bedürfnis, dem Kind das zu ermöglichen, was der Helfer sich selbst als Kind möglicherweise gewünscht hätte bzw. ihm fehlte. Der Mitarbeiter versucht dem Kind (positive) Erfahrungen zu vermitteln, die er bzw. sie selbst nicht gehabt hat" (CONEN 1987: 33). Auch in diesem Zusammenhang ist die Gefahr sehr groß, dass sich psychische Dynamiken entwickeln, welche für den Hilfeprozess, aber auch für die Zufriedenheit und Gesundheit aller Akteure abträglich sind.[48] Aus diesem Grund ist es von außerordentlicher Notwendigkeit, dass pädagogische Fachkräfte in der Heimerziehung (dies gilt auch für andere Arbeitsfelder) ihre eigene Biographie und Sozialisationsgeschichte ausreichend reflektieren. Dazu eignet sich insbesondere die Unterstützung durch Supervision. „Grundlage aller professionellen Methoden in der Arbeit mit Eltern und Kindern ist es daher, sich der eigenen Erfahrungen und Ideen von Eltern-Kinder-Beziehungen bewusst zu sein. Nur Pädagoginnen und Pädagogen, die reflektierend über die eigenen Prägungen durch die immer mächtigen Loyalitätskonflikte zwischen Eltern und Kindern verfügen, können diese als Folie für das Verstehen und Verständnis der Anstrengungen und Wünsche, der Nöte und Ängste von Müttern und Vätern, Söhnen und Töchtern nutzen, die sie unterstützen wollen" (SCHRAPPER 2004: 194). CONEN weist allerdings darauf hin, dass Heimmitarbeiter der intensiven Auseinandersetzung mit der eigenen Herkunftsfamilie Widerstände entgegen bringen können. Sie geht davon aus, dass viele im Arbeitsfeld Tätige nicht bereit sind, ihre eigenen Familienerfahrungen zu reflektieren, da dies unter Umständen ein schmerzvoller, schwieriger Erkenntnisprozess sein kann (vgl. CONEN 1987: 34).

Es wurde gezeigt, dass auch die Heimmitarbeiter eine intensive und erfolgreiche Eltern- und Familienarbeit entscheidend behindern können. Heimerziehung mit einem familienersetzenden Verständnis ist ein Relikt vergangener Tage und sollte, wie ausführlich begründet wurde, nun vollends von den Akteuren im Arbeitsfeld abgelegt werden. Im Zuge dessen verändert sich auch das Rollenverständnis der

---

48 Eine ausführliche Schilderung dieses Phänomens findet man bei CONEN (vgl. CONEN 1987: 33 f.).

pädagogischen Fachkräfte. Auch die Distanzierung von der Elternersatzrolle und die Hinwendung zu einem neuen Selbstverständnis als „Familienbegleiter", „Familienberater", „Lern-Helfer" oder „professioneller Erziehungspartner" geht damit einher (vgl. SCHILLING 2008: 33; DREES 1998: 86). „Statt nur kindzentriert steht familienorientiert, statt nur Bündnis mit dem Kind steht Bündnis mit Eltern und Kind, statt ausschließlicher Identifikation mit dem Kind sind auch die Interessen und Bedürfnisse der Eltern wahrzunehmen und Loyalität des Kindes zu seiner Herkunftsfamilie zu achten" (DREES 1998: 100). Als handlungsleitende Maxime für alle Heimmitarbeiter gilt demzufolge:
In Denken, Fühlen und Handeln muss internalisiert werden, dass zur Aufgabenstellung des pädagogischen Gruppenalltags in der stationären Erziehungshilfe sowohl die aktive Arbeit mit den jungen Menschen als auch mit deren Eltern und weiteren Familienmitgliedern gehört, eigene Werthaltungen gegenüber der Herkunftsfamilie entscheidend die Effizienz pädagogischer Arbeit bestimmen, die Beschreibung von Eltern(teilen) als erziehungsunfähig, defizitär und inkompetent schon im Vorfeld jegliche Arbeit zunichte macht, die bisherige häufige alleinige Parteilichkeit für die Kinder und Jugendlichen einer sachbezogenen Problemlösungssicht nicht genügt, Eltern als gleichberechtigte Partner ernstgenommen werden, Eltern in ihrer Kompetenz und Verantwortlichkeit für ihre Kinder anzusprechen, zu bestärken und aktiv zu beteiligen sind und pädagogische Fachkräfte jungen Menschen und Eltern nur in familienergänzender Funktion, fachlich und personell zeitbefristet zur Verfügung stehen (vgl. DREES 1998: 101).

GÜNDER führt jedoch an, dass die Heimmitarbeiter auch aus Angst um ihren Arbeitsplatz einer intensiven Eltern- und Familienarbeit mit Rückführungsabsichten in die Herkunftsfamilie ablehnend gegenüberstehen könnten. „Wenn infolge einer guten Elternarbeit mehr Kinder nach Hause entlassen werden, dann ist unter Umständen auch der eigene Arbeitsplatz gefährdet, wenn ohnehin weniger Kinder nachkommen" (GÜNDER 2007b: 233).

10 Verbesserungsvorschläge für die Eltern- und Familienarbeitspraxis

Wie ausführlich dargestellt, tauchen in der Praxis der Eltern- und Familienarbeit in der Heimerziehung vielerlei Probleme und Hindernisse auf. Das folgende Kapitel soll mögliche Lösungsvorschläge und -ansätze vorstellen und der Frage nachgehen, wie die Eltern- und Familienarbeit in diesem Arbeitsfeld verbessert werden kann. Dabei sollen zunächst recht allgemeine Forderungen gestellt werden; in einem zweiten Schritt sollen berufsethische Grundsätze für die Zusammenarbeit mit den Herkunftsfamilien entwickelt werden.

10.1 Allgemeine Forderungen und Ansätze zur Weiterentwicklung

Ausgehend von der Annahme, dass Eltern- und Familienarbeit derzeit noch nicht ausreichend in der Heimerziehung beachtet und praktisch umgesetzt wird, lautet die grundlegende Forderung:
Eltern- und Familienarbeit muss als obligatorischer Bestandteil der Heimerziehung erkannt und in die alltägliche pädagogische Arbeit der Einrichtungen integriert werden. Erziehungsarbeit in der institutionellen Fremdunterbringung muss immer auch als Familienarbeit verstanden werden (vgl. VERB. KATH. EINRICHTUNGEN: 1989: 29).

Die Pflichtaufgabe Eltern- und Familienarbeit muss dementsprechend organisatorisch in die Binnenstruktur der stationären Erziehungshilfeeinrichtungen eingebunden werden. Dies bedeutet, dass Eltern- und Familienarbeit in den Stellenbeschreibungen für Erzieher im Gruppendienst explizit festgeschrieben werden muss.
Darüber hinaus sind in der Gestaltung der Dienstpläne entsprechende Zeitkontingente für die Zusammenarbeit mit der Herkunftsfamilie vorzusehen (vgl. VERB. KATH. EINRICHTUNGEN: 1989: 30). So besteht die Möglichkeit, an Hol-, Bring- und Besuchstagen einen Doppeldienst als Ansprechpartner für die Familien einzurichten, während ein anderer Mitarbeiter die Leitung des Gruppendienstes übernimmt.
Einen weiteren wichtigen Punkt in der organisatorischen Verankerung der Eltern- und Familienarbeit stellt die Erarbeitung einer schriftlichen Konzeption der Eltern- und Familienarbeit der jeweiligen Einrichtung dar. Diese gilt es, in regelmäßigen Abständen inhaltlich zu überarbeiten und fortzuschreiben. In schriftlicher Form liefert diese Konzeption

einerseits den Mitgliedern des pädagogischen Teams Handlungsorientierung; andererseits lässt sie sich an öffentliche Träger und die Herkunftseltern aushändigen, um die pädagogische Arbeit transparent zu machen. Ebenso wichtig ist ein Instrument der Evaluation, z. B. in Gestalt eines Feedbackbogens welcher an die Familienmitglieder ausgehändigt wird (vgl. GRAßL & WELLESSEN 2004: 124).
Unter personellen Gesichtspunkten erweist es sich als günstig, mit dem Bezugserziehersystem zu arbeiten. So erfahren die fremduntergebrachten Heranwachsenden und deren Familien Kontinuität in der Beziehungsarbeit. Zuständigkeitswechsel sollten gering gehalten werden, was eine niedrige Mitarbeiterfluktuation voraussetzt. Die Heimerziehung als Arbeitsfeld muss damit attraktiv gestaltet und die Zufriedenheit der Mitarbeiter gestärkt werden, was insbesondere durch Supervision und Weiterbildung geschehen kann. Kontinuität der Ansprechpartner bedeutet in diesem Kontext auch, dass das Auseinanderbrechen gut abgestimmter pädagogischer Teams bei Unterbelegung der Einrichtung verhindert werden muss. Gerade dann, wenn Eltern- und Familienarbeit qualifiziert und intensiv geleistet wird, kann durch erfolgreiche Rückführungen der eigene Arbeitsplatz gefährdet sein. Um diesem Paradox entgegenzuwirken, wären entsprechende „Übergangsfinanzierungen" der Einrichtung durch den öffentlichen Jugendhilfeträger denkbar.

Weiterhin ist es unbedingt erforderlich, die finanziellen Rahmenbedingungen von Eltern- und Familienarbeit in der Heimerziehung zu sichern. Dazu gehört ihre ausdrückliche Berücksichtigung in den Pflegesätzen (vgl. VERB. KATH. EINRICHTUNGEN: 1989: 30). Eltern- und Familienarbeit muss aber nicht nur finanziell, sondern auch räumlich abgesichert sein. So muss mindestens ein ruhiger und ansprechender Beratungsraum innerhalb der Einrichtung für die Eltern- und Familienarbeit zur Verfügung stehen. Auch das Schaffen einer Unterkunftsmöglichkeit für Eltern erweist sich gerade bei überregionalen Unterbringungen oder auch für Probe- und Trainingswohnen als günstig.

Enormer Verbesserungsbedarf ist auch hinsichtlich der Netzwerkarbeit stationärer Erziehungshilfeeinrichtungen zu verzeichnen (vgl. VERB. KATH. EINRICHTUNGEN: 1989: 30). Wie oben erläutert, sind Heime im Rahmen der Eltern- und Familienarbeit auf die intensive Zusammenarbeit mit externen Diensten angewiesen. So ist es vorteilhaft, wenn bereits Kontakte zu Beratungsstellen (Erziehungsberatung, psychologische Beratung, Schuldnerberatung, Sucht- und Drogenbera-

tung etc.), Kindertageseinrichtungen, Schulen, Sportvereinen, Jugendzentren und weiteren ambulanten und teilstationären Erziehungshilfen im Sozialraum bestehen. Weiterhin ist eine intensive Kooperation mit dem zuständigen Jugendamt aber auch in einigen Fällen dem Gesundheits- und Sozialamt bedeutsam. Können Heimmitarbeiter den Familien Hinweise zu Arbeitsweisen, Ansprechpartnern und Wegbeschreibungen zu externen Diensten geben, können Schwellenängste der Eltern und Verwandten abgebaut und Zugangswege erleichtert werden.
In diesem Zusammenhang ist zudem verstärkte Öffentlichkeitsarbeit von Nöten, um den Bekanntheitsgrad von Erziehungshilfeeinrichtungen im Sozialraum zu steigern. Die Vernetzung der Angebote liegt in der Verantwortung des öffentlichen Jugendhilfeträgers und muss in vielen Fällen von diesem vermehrt wahrgenommen werden.
Große Chancen bietet vor allem die Zusammenarbeit von stationärer Erziehungshilfe und Sozialpädagogischer Familienhilfe, wie anhand vieler Beispiele dargestellt wurde.

Im Verlauf der vorliegenden Arbeit wurde deutlich, dass Eltern- und Familienarbeit in der Heimerziehung eine anspruchsvolle Aufgabe ist, auf die in der stationären Erziehungshilfe Tätige während ihrer Berufsausbildung i.d.R. nicht ausreichend vorbereitet werden. Für die Betreuung der jungen Menschen und die Zusammenarbeit mit deren Herkunftseltern benötigen die Heimmitarbeiter umfassendes Beobachtungs- und Beschreibungswissen, Begründungs- und Erklärungswissen, Wertwissen und Handlungs- und Interventionswissen.[49] Ein Verbesserung der Qualifizierung der Heimmitarbeiter in Aus-, Fort- und Weiterbildung ist daher gefordert. Dazu gehört das Erkennen von Möglichkeiten und Grenzen von Methoden und Formen der Eltern- und Familienarbeit, Kenntnisse zu systemischen Grundlagen, das Bewusstsein der eigenen Rolle und Berufsmotivation, Fähigkeiten zur Gesprächsführung, die Fähigkeit und Bereitschaft, Eltern und Kinder in ihrer Individualität zu akzeptieren und angemessen zu partizipieren und die Bereitschaft zur regelmäßigen Supervision und Weiterbildung (vgl. VERB. KATH. EINRICHTUNGEN: 1989: 30).
Eine Möglichkeit, das Ausbildungsdefizit, welches besonders im Beruf des Erziehers („Staatlich anerkannte(r) ErzieherIn") vorzuliegen scheint, zu beheben, wäre die Akademisierung dieses Ausbildungsganges. Im Rahmen der umfassenden Reform der europäischen Studi-

---

49 Die vier genannten Wissenskategorien wurden von der Autorin VON SPIEGEL übernommen (vgl. VON SPIEGEL 2004: 77 ff.).

engänge und -abschlüsse könnte die Erzieherausbildung an den Fachschulen/Fachakademien durch einen Bachelor-Studiengang Soziale Arbeit oder einen Bachelor-Studiengang für den elementarpädagogischen Bereich an Fachhochschulen oder Universitäten ersetzt werden (vgl. NIKLES 2008: 133). TEXTOR analysiert exemplarisch zwei mögliche Studiengänge: den Laureatstudiengang „Bildungswissenschaft für den Primarbereich" an der Freien Universität Bozen in Brixen und den Bachelor-Studiengang „Erziehung im Bildung im Kindesalter" an der Alice-Salomon-Fachhochschule für Sozialarbeit und Sozialpädagogik in Berlin. Er übt allerdings an beiden Studiengängen Kritik. Diese bezieht sich unter anderem auf die Praxisferne dieser Studiengänge und das Fehlen von Professoren und wissenschaftlichen Mitarbeitern an den akademischen Bildungseinrichtungen.[50] Auch aufgrund finanzieller Aspekte ist TEXTOR pessimistisch, dass sich die Akademisierung des Erzieherberufes durchsetzen wird: „Akademisch ausgebildete Erzieher/innen haben Anspruch auf ein viel höheres Gehalt. Und ich sehe nicht die geringste Bereitschaft der Kommunen, Länder und Wohlfahrtsverbände, hierfür die finanziellen Mittel aufzubringen. Und was soll mit den derzeit berufstätigen Erzieher/innen passieren? Sollen sie in mehrjährigen Fortbildungsgängen nachqualifiziert werden? Auf den Stand von Fachhochschulen/oder Universitätsabsolvent/innen gebracht werden? Und was soll mit den Fachschulen passieren? Sollen sie aufgelöst und die dort tätigen Lehrkräfte in die Arbeitslosigkeit entlassen werden?".[51] Deshalb kommt der Autor zu dem Schluss, dass eine Verlagerung der Ausbildung an die Fachhochschulen und Universitäten zu keiner Verbesserung der Erzieherausbildung führen wird. Er fordert daher eine Verbesserung der vorherrschenden Ausbildung an den Fachschulen und Fachakademien. Als besonders wichtig sieht er dabei die Vermittlung interpersonaler und kommunikativer Kompetenzen für die Zusammenarbeit mit den Herkunftsfamilien an.[52]

Einhergehend mit der Forderung nach besserer Qualifizierung der Heimmitarbeiter ist auch die Entwicklung eines neuen Rollenverständnisses notwendig. Pädagogische Fachkräfte in der stationären Erziehungshilfe ersetzen den Kindern und Jugendlichen nicht die Familie, sondern sie sind professionelle „Familienbegleiter", die durch psychosoziale Arbeit unterstützend und ergänzend auf die Herkunfts-

---

50 Quelle: vgl. www.kindergartenpaedagogik/1057.html; Abrufdatum 19.07.09; siehe Anlage 6.
51 Ebd.
52 Ebd.

familien einwirken. Gefordert ist hier die Bereitschaft des Personals, sich auf Veränderung des traditionellen Arbeitsplatzes des Heimerziehers einzulassen. Die stationären Einrichtungen werden zunehmend für Familien geöffnet, d.h. die Eltern kommen passiv zu Besuch oder werden aktiv in den pädagogischen Gruppenalltag einbezogen. Damit entsteht ein neues Klima in der Einrichtung, aber auch in die Lebenswelt der Ursprungsfamilien müssen Heimmitarbeiter mehr und mehr vordringen. Dies setzt eine akzeptierende und wertschätzenden Grundhaltung den Familienmitgliedern gegenüber voraus (vgl. Kap. 10.2). Aus diesem Grund soll das folgende Kapitel den berufsethischen Prinzipien im Umgang mit Herkunftsfamilien gewidmet werden.

10.2 Berufsethische Prinzipien für die Zusammenarbeit mit Herkunftsfamilien der fremduntergebrachten jungen Menschen

In den vorhergehenden Ausführungen wurde immer wieder darauf hingewiesen, dass eine akzeptierende und wertschätzende Haltung gegenüber den Herkunftsfamilien die Grundvoraussetzung für gelingende Eltern- und Familienarbeit in stationären Erziehungshilfeeinrichtungen darstellt. Aus diesem Grund ist es unerlässlich, dass entsprechendes Wertwissen auch in Aus- und Weiterbildung vermittelt wird (vgl. CONEN 2002: 135 ff.). „Wertwissen bezieht seine Postulate aus religiösen, philosophisch-ethischen und politischen Werthorizonten sowie aus Vorstellungen über menschliche Bedürfnisse, die durch Werte und moralisches Verhalten geschützt werden müssen" (VON SPIEGEL 2004: 78). Das Wertwissen ist somit Bestandteil einer Berufsethik der Sozialen Arbeit.

Zunächst soll jedoch der Terminus „Berufsethik" bestimmt werden. „Berufsethik bezeichnet den Teilbereich moralphilosophischer Theorien, der sich mit jenen Pflichten befaßt [sic], die sich aus den spezifischen Aufgaben der verschiedenen Berufe einer arbeitsteiligen Gesellschaft ergeben" (FORSCHNER 2001: 22 f.). Exemplarisch greift MAX WEBER in seinem Werk „Die protestantische Ethik und der Geist des Kapitalismus" (1904/1905) auf BENJAMIN FRANKLIN zurück, welcher die berufliche Ethik eines Unternehmers charakterisiert (vgl. WEBER 2007: 37 ff.). In ihren Grundzügen sind die hier genannten ethischen Prinzipien noch heute gültig und lassen sich in leicht abgewandelter Form auf viele (handwerkliche, technische und kaufmännische) Berufe übertragen. Im Jahr 1919 beschäftigte sich Weber weiterhin mit „Wissenschaft als Beruf" und „Politik als Beruf".

Die von WEBER gewählte Formulierung des Berufes ließe sich heute treffender durch den Begriff der Profession ersetzen. Während heute der Beruf als ein Ergebnis gesellschaftlich notwendiger Arbeitsteilung und damit einhergehender fachlicher Spezialisierung angesehen und als Mittel zum Erwerb des Lebensunterhaltes verstanden wird, stellen (nach dem heutigen Verständnis) Professionen „gehobene Berufe" dar, mit den entsprechenden Ausprägungen in Einkommen, Status, Ansehen und Einfluss (vgl. FORSCHNER 2001: 23; GILDEMEISTER 1996: 443). Angehörige der klassischen Professionen sind Ärzte, Juristen und Theologen. Zu diesen Professionen kamen im Laufe der Zeit u.a. Politiker, Wissenschaftler, Künstler, Medienvertreter, Lehrer und Fachkräfte der Sozialen Arbeit[53] hinzu.

Professionen weisen nach GALUSKE die folgenden konstitutiven Merkmale auf:

- ein wissenschaftlich fundierter Sonderwissensbestand und die dazugehörige Fachsprache,
- theoretisch fundierte Ausbildungsgänge (vor allem) auf akademischen Niveau,
- professionsspezifische Verhaltensregeln sowie Methoden,
- eine selbstbestimmte Sach- und Fachautorität,
- ein exklusives Monopol an Handlungskompetenzen,
- eine z. B. durch Berufsverbände organisierte Interessenvertretung und Selbstkontrolle,
- einen Tätigkeitsbereich, der im Sinne eines Dienstes an der Allgemeinheit interpretiert werden kann (vgl. GALUSKE 2002: 120).

Durch die kodifizierten Verhaltensregeln liegt einer Profession ein besonderes Berufsethos zugrunde. „Ein spezifisches Berufsethos wird allenfalls von jenen Berufen erwartet bzw. beansprucht, deren Aufgabe das funktionale Spielregelsystem der Tausch- und Marktgesellschaft transzendiert" (FORSCHNER 2001: 23).

Spätestens seit ihrer Verberuflichung beschäftigt sich die Soziale Arbeit mit gesellschaftsmoralischen und berufsethischen Fragen. Während zwischen 1920 und 1960 eine intensive Auseinandersetzung mit berufsethischen Aspekten erfolgte und einen wesentlichen Ausbildungsinhalt sozialer Berufe darstellte, traten diese in den Folgejahren fast völlig in den Hintergrund. Erst seit den letzten 15 Jahren wird die-

---

53 Der Professionsstatus der Sozialen Arbeit wird in der Fachliteratur kontrovers diskutiert (vgl. GALUSKE 2002: 117 ff.). In der vorliegenden Arbeit wird die Soziale Arbeit als Profession anerkannt.

ser Thematik wieder mehr Beachtung geschenkt (vgl. MÜNCHMEIER 2008: 267 f.).[54] So gab es internationale Versuche, ethische Grundlagen für die Soziale Arbeit zu formalisieren. In Deutschland hat der „Deutsche Berufsverband für Sozialarbeit, Sozialpädagogik und Heilpädagogik (DBSH)" im Jahre 1997 ein Grundsatzpapier über berufsethische Prinzipien beschlossen. Es enthält allgemeine Grundsätze und regelt die Verantwortlichkeiten gegenüber Personengruppen, die durch das berufliche Handeln professioneller Helfer berührt werden.

Abbildung 2:   Berufsethische Verantwortlichkeiten einer sozialpädagogischen Fachkraft

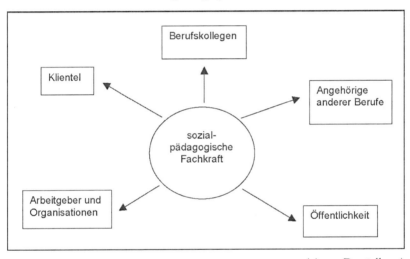

(eigene Darstellung)

„Die Prinzipien des DBSH [...] bieten eine sinnvolle Grundhaltung für eine über die Verpflichtung von Verbandsmitgliedern hinausgehende allgemeine Berufsethik. Diese könnte als Verpflichtung für die Professionellen der Sozialen Arbeit eine ähnliche Bedeutung erlangen wie der ‚Hippokratische Eid' für die Ärzte" (STIMMER 2006: 43).

---

54   Dies schlägt sich auch in einer Vielzahl von Publikationen nieder, so dass heute in nahezu jedem Fach- und Lehrbuch der Sozialen Arbeit ein gesondertes Kapitel zu berufsethischen Fragen zu finden ist (vgl. VON SPIEGEL 2004: 67 ff.; SCHLÜTER 1995: 167 ff.).

Für eine Berufsethik der Sozialen Arbeit sind die beiden Ethiktypen „Verantwortungsethik" und „Diskursethik" von besonderer Bedeutung.

Vertreter der Verantwortungsethik sind MAX WEBER und später HANS JONAS. Verantwortungsethik mit Bezug zur Sozialen Arbeit bedeutet, dass der in der Sozialen Arbeit Tätige „[...] nicht nur für die Richtigkeit (etwa die fachliche Stimmigkeit) seiner Aktionen Verantwortung trägt, sondern auch für die Folgen seines Handelns für die Betroffenen, einschließlich der nichtintendierten Nebenfolgen" (MÜNCHMEIER 2008: 269). Besonders wenn Soziale Arbeit nach dem Konzept der Lebensweltorientierung ausgerichtet ist, ist eine verantwortungsethische Reflexion von großer Bedeutung (THIERSCH 2005: 217 ff.).
Sozialpädagogisches Handeln hat immer einen Doppelcharakter. Soziale Arbeit stellt einerseits Hilfe für ihre Klienten dar, andererseits hat sie auch immer eine Kontrollaufgabe bzw. kann sie auch Zwang (Zwangskontexte) darstellen. Gefordert wird deshalb eine reflexive Diskursethik. Diskursethik ist ein von KARL OTTO APEL und JÜRGEN HABERMAS „[...] entwickelter Ansatz zur Begründung derjenigen ethischen Ansprüche, die eine gewaltfreie, rationale und allgemein zustimmungsfähige Lösung von Konflikten ermöglichen. Alle öffentlichen Verfahren mit denen Entscheidungen über strittige soziale und politische Fragen getroffen werden, sollen diesem Prinzip folgen" (VOSSENKUHL 2001: 41). Reflexiv bedeutet in diesem Kontext mit Rückbezug auf sich selbst (auf die eigene Person). Dies verpflichtet sozialpädagogische Fachkräfte bezüglich geplanter Interventionen zu kommunikativen (diskursiven) Aushandlungen mit ihren Klienten. Ein Musterbeispiel dafür stellt der § 36 SGB VIII zum Hilfeplanverfahren dar (vgl. MÜNCHMEIER 2008: 269).

Aus den vielfältigen ethischen Ansätzen, welche in der sozialpädagogischen Fachliteratur zu finden sind, soll nun eine „kleine Ethik für pädagogische Fachkräfte in der Heimerziehung" entworfen werden. Diese hegt keinen Anspruch auf Vollständigkeit und möchte dazu anregen, sich tiefergehend mit diesem Thema auseinander zu setzen. Die folgenden ethischen Grundsätze beleuchten vor allem das Verhalten gegenüber den Klienten (vgl. Abb. 2). In diesem Falle nicht nur gegenüber den fremduntergebrachten Kindern und Jugendlichen, sondern in besonderem Maße auch deren Herkunftsfamilien gegenüber.

Der Verfasser der vorliegenden Arbeit hat in diesem Kontext sechs ethische Standards für die Eltern- und Familienarbeit in der Heimerziehung entwickelt, welche im Folgenden dargestellt werden sollen.

a) Achtung der Individualität und Selbstbestimmung der Klienten

Dieser Grundsatz bedeutet, dass jedes Mitglied der Herkunftsfamilie als Mensch in seiner Individualität geachtet wird. Insbesondere die Rolle der Eltern als Erziehungsverantwortliche wird von den pädagogischen Fachkräften respektiert und beachtet (vgl. GRAßL & WELLESSEN 2004: 117). Da jede Familie ihre eigene Familienkultur und -geschichte besitzt, ist auch die Familie als soziales System in ihrer Einzigartigkeit anzunehmen. Der Grundsatz des Individualisierens ist daher auch auf Familiensysteme, ihre eigenen Probleme und Bedürfnisse, anzuwenden. Achtung der Individualität einer Familie bedeutet auch, ihre eigenen Erklärungsmuster und Sinnzuschreibungen anzuerkennen. Heimmitarbeiter „[...] müssen verinnerlichen, dass die Wirklichkeits- und Sinnkonstruktionen der Adressaten prinzipiell gleichberechtigt sind. Damit akzeptieren sie, dass andere und neue Sichtweisen auf dem Wege der dialogischen Verständigung über Deutungen und des dialogischen Verhandelns zustande kommen und Veränderungen im besten Falle als Ergebnis einer Koproduktion denkbar sind" (VON SPIEGEL 2004: 110 f.).

Achtung der Individualität der Klienten steht in engem Zusammenhang mit Respekt vor der Selbstbestimmung (Autonomie) eines jeden Menschen. Dieser Grundsatz meint, „[...] prinzipiell anzuerkennen, dass die Klienten in der Lage sind, eigene Entscheidungen zu treffen. Die Hilfe muss demzufolge darauf ausgerichtet sein, die Fähigkeit der Klienten, ihre Schwierigkeiten selbst zu erkennen und einzuschätzen, zu fördern sowie ihre Entscheidungskompetenzen zu entwickeln helfen. Dabei können Vorschläge und Hilfsangebote aus der Beratung in die Entscheidungsfindung einfließen. Zentral ist jedoch der Ausgangspunkt, dass jeder Mensch für sich selbst entscheiden kann und letztendlich auch muss. Die Selbstbestimmung des einzelnen hat selbstredend seine Grenze an der des anderen" (ERLER 2004: 88).

b) Anerkennende und wertschätzende Haltung gegenüber den Klienten

Grundvoraussetzung für die Zusammenarbeit mit Herkunftsfamilien fremduntergebrachter Kinder und Jugendlicher ist eine wohlwollende Sicht auf ihre Angehörigen. Wie bereits gezeigt, benötigen die

Mädchen und Jungen das Gefühl, dass ihre Eltern von den pädagogischen Fachkräften Achtung und Akzeptanz erfahren (vgl. CONEN 1992: 19). Eine ressourcenorientierte Herangehensweise und ein positives Menschenbild sind dabei handlungsleitend. „Jeder Mensch hat Begabungen, Fähigkeiten, Fertigkeiten, Können. Diese gilt es zu ermitteln und zu fördern, weiterzuentwickeln, sie zu vertiefen, ihn zu bestärken. [...] Dabei verschließe ich keineswegs die Augen davor, dass dieser Mensch u.U. auch Probleme und Defizite hat. Welcher Mensch hat diese nicht?" (SCHILLING 2008: 191). Am Ausgangspunkt einer stationären Fremdunterbringung befinden sich Familien meist in schwierigen Lebenslagen. Nicht selten wurden Heranwachsende im Vorfeld der Hilfe von ihren Eltern vernachlässigt oder sogar aktiv geschädigt. Es kann daher vorkommen, dass Heimmitarbeiter Abwehrgefühle den Eltern gegenüber entwickeln. CONEN empfiehlt in diesem Zusammenhang, „[...] die Eltern als Menschen wahrzunehmen, die zur Zeit das für sie Bestmögliche für/mit dem Kind tun, was nicht immer das Beste für das Kind ist" (CONEN 1992: 21). Meist lohnt es sich, bisherige Lösungsversuche für schwierige Situationen im familiären Zusammenleben gezielt zu erfragen und entsprechend zu würdigen. Als solche kann auch die Heimunterbringung umgedeutet werden (vgl. MOOS & SCHMUTZ 2006: 54).

Weiterhin dürfen Heimmitarbeiter keine richtende Position einnehmen und müssen sich davor hüten, Schuldzuschreibungen vorzunehmen. Verhalten und Einstellungen sollten rational bewertet und sachlich kritisiert werden. Für die Kritik an den Eltern gilt die Faustregel: „Ich mag dich (als Person), aber u.U. nicht das, was du tust (die Handlung, Sache)" (SCHILLING 2008: 45). Damit wird den Familienmitgliedern die Fähigkeit zur Um- und Neuorientierung zugetraut (vgl. BLANDOW 2004: 14). Das Akzeptieren der Klienten bedeutet dabei nicht, ihr (abweichendes) Verhalten kritiklos anzuerkennen, sondern ihre Beweggründe zu verstehen (vgl. ERLER 2004: 88).

c) Bereitschaft zur Verständigung mit den Klienten

Dieser Grundsatz bedeutet, dass die pädagogischen Mitarbeiter der stationären Erziehungshilfeeinrichtungen bereit sind, ihre sozialpädagogischen Strategien gegenüber den Herkunftsfamilien transparent zu machen und zu begründen (vgl. MÜNCHMEIER 2008: 269). Um diesem Grundsatz Rechnung zu tragen, sind die Familienmitglieder umfassend über die Hilfesysteme, das doppelte Mandat, rechtliche Ansprüche und Pflichten zu informieren und in jedem Falle bei Entscheidungen zu partizipieren. Dies bedeutet auch, eine leicht verständliche Sprache zu wählen, um Barrieren abzubauen. „Entsprechend positiv werten Eltern, wenn sie sich informiert und einbezogen fühlen auch in Alltagsentscheidungen, wenn sie nicht als dumm hingestellt werden, sondern ihr Rat und ihr Mitdenken gewünscht werden" (BLANDOW 2004: 14). Der Prozess der Heimerziehung muss verstanden werden als Koproduktion zwischen pädagogischen Fachkräften und Herkunftsfamilien. „Koproduktion, ein Begriff aus der Dienstleistungsdebatte, ist nicht identisch mit Kooperation oder guter Zusammenarbeit, auch wenn diese in der Regel eine wichtige Voraussetzung für den positiven Verlauf einer sozialen Dienstleistung darstellen. Koproduktion meint, dass der Dienstleister auf ein aktives Mittun dessen, der eine Dienstleistung in Anspruch nimmt, angewiesen ist" (BLANDOW 2004: 16).

d) Reflexion eigener Motive zur Tätigkeitsausübung

Von hoher berufsethischer Bedeutung ist die Auseinandersetzung mit den eigenen Absichten, die an die Wahl eines helfenden Berufes geknüpft sind. So ist die Berufswahl unter Umständen geleitet von persönlichen Motiven wie dem Wunsch der Rettung von hilflosen und verwahrlosten jungen Menschen und der Bestrafung versagender Eltern. „Rettungs- und Bestrafungsfantasien sind also an sich nicht zu kritisieren. Sie sind ebenso humane Gefühle wie Mitleid, Verärgerung und Wut. Fachlich problematisch wird es allerdings, wenn solche Fantasien unreflektiert zur Basis für berufliches Handeln gemacht und zum Mittel von Abwertung und Degradierung werden und ein planvolles und fachlich abgesichertes Handeln ersetzen" (BLANDOW 2004: 19). Die Reflexion der Motive zur Berufswahl soll auf Seiten des Heimmitarbeiters „[...] die insgeheim eigenen Motive und Intentionen des Helfens bewusst und reflektierbar machen, um ‚Klientifizierungen' der Adressaten zu vermeiden" (MÜNCHMEIER 2008: 270).

e) Widerstandsfähigkeit gegenüber Institutionenmoral

Dieser Grundsatz zielt auf die Reflexion routinierter Arbeitsabläufe, Handlungen und Annahmen innerhalb der Eltern- und Familienarbeit von stationären Erziehungshilfeeinrichtungen. MÜNCHMEIER moniert eine Institutionenmoral, „[...] die Routine gleichsetzt mit dem Richtigen und fachlich Verantwortbaren" (MÜNCHMEIER 2008: 269). So müssen gewisse Vorannahmen gegenüber Herkunftseltern überprüft, Stigmatisierungen revidiert und Haltungen innerhalb von Institutionen der Erziehungshilfe kritisch hinterfragt und reflektiert werden. Damit einher geht auch die Notwendigkeit einer regelmäßigen ethischen Überprüfung des fachlichen Instrumentariums. „Die ehrlichste und strengste Selbstprüfung des Helfers nützt wenig, wenn das fachliche Handwerkszeug, das er verwendet, seiner konzeptionellen Anlage nach nicht ebenfalls den ethischen Leitsätzen entspricht. [...] Gerade in sozialen Berufen, in denen man darauf angewiesen ist, eine Vielzahl von Methoden und Techniken zu nutzen, die häufig in Spezialwissenschaften entwickelt wurden und auch dort ihren Begründungszusammenhang haben, ist die Überprüfung dieses Instrumentariums von besonderer Bedeutung, weil in der Beziehungsarbeit mit Menschen die Tatsache, daß [sic] eine Technik funktioniert, ihre Anwendung noch nicht ausreichend rechtfertigt" (SCHLÜTER 1995: 198). Als Schlussfolgerung daraus müssen sozialpädagogische Methoden und Techniken der Eltern- und Familienarbeit auf vorher durchgeführte, ausführliche Situationsanalysen und die konkreten, einzelfallbezogenen Zielvorstellungen der Heimerziehung abgestimmt sein. „Und so wenig unsere moralische Haltung sachlich richtiges Handeln ersetzen kann, so wenig kann sachlich richtiges Handeln auch schon ohne weiteres als moralisch richtig, also als gut gelten" (SCHLÜTER 1995: 199).

f) Verantwortungsvoller Umgang mit der Lebensgeschichte der Klienten

Im Laufe einer Heimunterbringung tragen die pädagogischen Fachkräfte eine Menge an Informationen und Daten über den Heranwachsenden und seine Herkunftsfamilie zusammen. Von ethischer Relevanz ist die Art und Weise des Umgangs mit diesen (größtenteils vertraulichen) Informationen. Es ist zu gewährleisten, dass die Regelungen des Sozialdatenschutzes eingehalten werden. „Mit anderen Worten, es geht um die Schweigepflicht, die für die SozialpädagogIn/SozialarbeiterIn selbstverständlich zu sein hat" (ERLER 2004: 88). Das Thema des Schutzes von Sozialdaten ist zu komplex, um sich an dieser Stelle intensiv damit auseinander setzen zu können. Es gilt jedoch immer, reflektiert und verantwortungsvoll mit persönlichen Daten von Klienten umzugehen. Dazu gehört auch das Feld der Dokumentation und Aktenführung.

Die oben aufgeführten ethischen Prinzipien bieten eine Orientierung für die Eltern- und Familienarbeit im Rahmen der institutionellen Fremdunterbringung von Kindern und Jugendlichen. Im Umgang mit den Herkunftseltern ist eine wertschätzende und akzeptierende Haltung unabdingbar. Die Eltern sind dabei als gleichberechtigte Partner im Erziehungsprozess anzuerkennen.

RITSCHER stellt für die Soziale Arbeit folgenden ethischen Imperativ auf: „Tue nur das, was du auch selber für dich annehmen könntest" (RITSCHER 2002: 240). Dieser sollte in der Heimerziehung, aber auch in allen anderen Arbeitsfeldern der Sozialen Arbeit handlungsleitend für die Fachkräfte sein.

11 Zusammenfassung

In den vorangegangen Ausführungen wurde deutlich, dass Eltern- und Familienarbeit im Arbeitsfeld der stationären Erziehungshilfe eine anspruchsvolle und komplexe, aber lohnenswerte Aufgabe ist, die aus verschiedenen Gründen jedoch noch nicht allerorts angemessen in die Praxis umgesetzt wird.

Eltern- und Familienarbeit ist für eine positive Persönlichkeitsentwicklung aller fremduntergebrachter junger Menschen von enormer Bedeutung und muss in jedem Fall durchgeführt werden, ganz gleich ob physische Kontakte zu den leiblichen Eltern bestehen oder nicht. Weiterhin ist sie nicht nur dann zu leisten, wenn eine Rückkehroption für die jungen Menschen ins Elternhaus besteht. Eltern- und Familienarbeit kann dabei helfen, eine Rückführungsperspektive zu schaffen, allerdings muss sie bezüglich ihrer Möglichkeiten und Grenzen realistisch eingeschätzt werden. „Eltern- und Familienarbeit kann kein Allheilmittel für in erheblichem Maße gesellschaftlich bedingte Dysfunktionen in Erziehungsangelegenheiten sein" (HANSEN 1999: 1029).

Je nach angestrebtem Ziel der Eltern- und Familienarbeit können pädagogische Fachkräfte aus einem reichhaltigen Pool methodischer Ansätze für Ihre Arbeit wählen. Wie ersichtlich wurde, sind es jedoch nicht die besonders ausgefeilten Methoden und Techniken, die Eltern- und Familienarbeit ausmachen, sondern eine wertschätzende und akzeptierende Haltung der Heimmitarbeiter gegenüber den Herkunftsfamilien. Nicht zuletzt ist dieser Fakt in der Aus- und Weiterbildung von Erziehern zu vermitteln.

Eltern- und Familienarbeit im Arbeitsfeld der Heimerziehung ist mit diversen Problemen und Hindernissen konfrontiert, welche insbesondere struktureller und zwischenmenschlicher Natur sind. Der Verfasser der vorliegenden Arbeit entwickelte diesbezüglich einige Lösungsvorschläge, die als Anregung zur weiteren Auseinandersetzung mit dieser Thematik gelten sollen.

Mit Hilfe von Eltern- und Familienarbeit können eine Reihe positiver Effekte erzielt werden, die ohne die intensive Zusammenarbeit mit den Herkunftseltern der fremduntergebrachten jungen Menschen ausblieben. So können die Erziehungskompetenzen der Eltern gesteigert, Familienbindungen gestärkt und Rückführungen intensiver vorbereitet werden. Die stationär untergebrachten Kinder und Jugendlichen erleben, dass sie weiter zur Familie gehören und ihre Eltern von den pädagogischen Fachkräften respektiert und einbezogen werden. Um die Sozialisationsbedingungen in der Familie positiv zu verändern, brauchen Eltern Anleitung und Unterstützung durch die Fachkräfte. „Fakt bleibt, daß [sic] Elternarbeit bei Vorliegen entsprechender Bedingungen unzweifelhaft Impulse für eine erziehungsfunktionalisierende Neuorientierung und -organisation der Familie vermitteln kann, daß [sic] aber neue Entwicklungen dauerhaft nur durch das System selbst initiiert werden können und in der Regel >>schmerzhaft<< sind" (HANSEN 1999: 1028).

Eine Heimerziehungspraxis, die auf Koproduktion zwischen Eltern und Erziehern ausgerichtet ist, bleibt zwangsläufig nicht ohne Folgen für den pädagogischen Alltag und die Strukturierung der Dienste. Die enge Zusammenarbeit mit den Herkunftsfamilien, ihre teilweise aktive Mitarbeit in den Gruppen und die häufigen Beurlaubungen der Kinder und Jugendlichen in den elterlichen Haushalt (bzw. die Haushalte der Elternteile) hat eine Veränderung der gesamten Gruppenkultur zur Folge. Die häufigen Kontakte zwischen Herkunftsfamilie und Einrichtung machen ein punktuelles Umorganisieren der pädagogischen Arbeit notwendig. So führen regelmäßige Beurlaubungen zu engerem Kontakt zwischen Familie und den in den Einrichtungen der stationären Erziehungshilfe tätigen Fachkräften und zu mehr Unruhe und Bewegung in den Gruppen. Es ergibt sich auch ein höherer Organisationsaufwand für das Heimpersonal, wenn Freizeiten wie Wochenenden und Schulferien in die familiären Haushalte ausgelagert werden. So müssen z. B. Taschen für die Beurlaubungen gepackt werden und die Aufenthalte der Kinder im elterlichen Haushalt im Nachgang zwischen pädagogischen Fachkräften und den Familienmitgliedern reflektiert und nachbereitet werden (vgl. DREES 1998: 86 ff.).
Die Veränderungen in der Heimerziehungspraxis, welche DREES vor allem in der stärkeren Ausrichtung auf zielgerichtete Aufgaben sieht, verlangen auch von den Fachkräften eine Umorientierung. „Teilweise trauerten die ErzieherInnen den ‚alten Zeiten' – beispielsweise den lang vorbereiteten und für die Gruppe bedeutsamen Reisen in den Sommerferien – nach" (DREES 1998: 86). DREES weist auch daraufhin, dass das Einnehmen einer Metaposition auf der Grundlage systemischen Denkens vielen Heimmitarbeitern zunächst Probleme bereitet und auch das häufige Knüpfen und Lösen von Bindungen, welches bei erfolgreicher Rückführung eines Minderjährigen notwendig ist, eine emotionale Herausforderung für Heimmitarbeiter darstellen kann. Dieser Prozess kann allerdings erleichtert werden durch ein gewan-

deltes Rollenverständnis. Wenn Fachkräfte sich als „vorübergehende Begleiter" sehen, wird das Anerkennen der Loyalität der jungen Menschen und Akzeptanz und Wertschätzung gegenüber den Herkunftsfamilien möglich (vgl. DREES 1998: 86). Die Kontakte zu den Herkunftsfamilien haben somit ebenfalls eine entlastende Wirkung für die pädagogischen Fachkräfte; vor allem im emotionalen Bereich. Eine systematische Eltern- und Familienarbeit wertet darüber hinaus die alltägliche pädagogische Arbeit der Heimerzieher auf. „Die Arbeit der Erzieher(innen) wird durch die Inanspruchnahme von Elternarbeit auch qualitativ hochwertiger und als professioneller anzusehen sein und so empfunden werden" (GÜNDER 2007b: 234). Die Vielzahl positiver Effekte einer intensiven und systematischen Eltern- und Familienarbeit machen deutlich, dass die Bemühungen um eine bessere Zusammenarbeit mit den Herkunftsfamilien in der Praxis der Heimerziehungdie Anstrengungen in jedem Fall wert sind.

Abschließend bleibt zu erwähnen, dass der Thematik Eltern- und Familienarbeit in der Heimerziehung auch in Zukunft weiter Beachtung geschenkt werden muss, insbesondere imBereich der praktischen Umsetzung.
„Die Arbeit mit Herkunftseltern bleibt eines der schwierigen Kapitel öffentlicher Erziehung [...], aber auch Herausforderung für eine selbstbewusste sozialpädagogische Praxis"(SCHRAPPER 2004: 196).

Bei der Bearbeitung des Themas der vorliegenden Arbeit fiel dem Verfasser auf, dass Eltern- und Familienarbeit in der Heimerziehung quantitativ und vor allem aus Sicht der pädagogischen Fachkräfte recht gut erforscht ist (vgl. Kap. 5). Es fehlen jedochweitestgehend Forschungsarbeiten, die Eltern- und Familienarbeit im Kontext stationärer Fremdunterbringung qualitativ und aus Sicht der Adressaten beleuchten (vgl. HOMFELDT &KREID 2007: 189 f.). Ebenso bietet die theoriegeschichtliche Forschung in Hinblick auf die historischen Entwicklungslinie der Eltern- und Familienarbeit in der Heimerziehung wenige Informationen. Dabei wäre als Schwerpunkt vor allem die Eltern- und Familienarbeit in der Heimerziehung der ehemaligen DDR interessant.

12 Literaturverzeichnis

BELARDI, NANDO (2008): Beratung. In: KREFT, DIETER; MIELENZ, INGRID (Hrsg.): Wörterbuch Soziale Arbeit. Aufgaben, Praxisfelder, Begriffe und Methoden der Sozialarbeit und Sozialpädagogik. 6. Aufl. Juventa, Weinheim, 154-157

BIRTSCH, VERA (2008): Heimerziehung. In: KREFT, DIETER; MIELENZ, INGRID (Hrsg.): Wörterbuch Soziale Arbeit. Aufgaben, Praxisfelder, Begriffe und Methoden der Sozialarbeit und Sozialpädagogik. 6. Aufl. Juventa, Weinheim, 421-423

BLANDOW, JÜRGEN (2004): Herkunftseltern als Klienten der Sozialen Dienste: Ansätze zur Überwindung eines spannungsgeladenen Verhältnisses. In: Sozialpädagogisches Institut im SOS-Kinderdorf e. V. (Hrsg.): Herkunftsfamilien in der Kinder- und Jugendhilfe – Perspektiven für eine partnerschaftliche Zusammenarbeit. Eigenverlag, München, 8-32

BRÖNNEKE, MICHAEL (1992): Familienorientierung als Grundhaltung in der Heimerziehung Kinderhaus Bad Essen. In: CONEN, MARIE-LUISE (Hrsg.): Familienorientierung als Grundhaltung in der stationären Erziehungshilfe. Borgmann, Dortmund, 23-38

BÜRGER, ULRICH (1999): Erziehungshilfen im Umbruch. Entwicklungserfordernisse und Entwicklungsbedingungen im Feld der Hilfen zur Erziehung. Sozialpädagogisches Institut im SOS-Kinderdorf e. V. (Hrsg.), Eigenverlag, München

BÜRGER, ULRICH (2001): Heimerziehung. In: BIRTSCH, VERA; MÜNSTERMANN, KLAUS; TREDE, WOLFGANG (Hrsg.): Handbuch Erziehungshilfen. Leitfaden für Ausbildung, Praxis und Forschung. Votum, Münster, 632-663

BUSCH, MAX (1957): Johann Hinrich Wichern als Sozialpädagoge. Quellenhefte für die soziale Ausbildung. Beltz, Weinheim

BÜTTNER, PETER (1980) Elternarbeit. In: PLANUNGSGRUPPE PETRA (Hrsg.): Studien zur Heimerziehung. IGfH, Frankfurt, 22-47 [zit. n. CONEN, 2002]

CHASSÉ, KARL AUGUST (2004): Heimerziehung. In: CHASSÉ, KARL AUGUST; WENSIERSKI, HANS-JÜRGEN (Hrsg.): Praxisfelder der Sozialen Arbeit. Eine Einführung. 3. Aufl. Juventa, Weinheim, 172-187

CONEN, MARIE-LUISE (1987) : Heimmitarbeiter – Elternarbeit – Hindernisse. In: BÖRSCH, BETTINA; CONEN, MARIE-LUISE (Hrsg.): Arbeit mit Familien von Heimkindern. verlag modernes lernen, Dortmund, 24-39

CONEN, MARIE-LUISE (1990): Anforderungen an Elternarbeit in der Heimerziehung. In: Soziale Arbeit, 7, 246-252

CONEN, MARIE-LUISE (1992): Elternarbeit in der Heimerziehung. Ausgewählte Ergebnisse einer empirischen Untersuchung zu den Erfahrungen von Mitarbeitern in der Heimerziehung. In: CONEN, MARIE-LUISE (Hrsg.): Familienorientierung als Grundhaltung in der stationären Erziehungshilfe. Borgmann, Dortmund, 9-22

CONEN, MARIE-LUISE (1993) : Ergebnisse einer empirischen Untersuchung zu den Erfahrungen von Mitarbeitern in der Heimerziehung. In: IGfH (Hrsg.): Familie und Heim – Perspektiven der Elternarbeit in der Heimerziehung. Albert-Schweitzer-Kinderdorf in Hessen. Eigenverlag, Frankfurt a.M.

CONEN, MARIE-LUISE (1996): Wenn Heimmitarbeiter zu nett sind... Heimkinder im Loyalitätskonflikt zwischen Eltern und Erziehern. In: Evangelische Jugendhilfe, 4, 206-216

CONEN, MARIE-LUISE (2002): Elternarbeit in der Heimerziehung. Eine empirische Studie zur Praxis der Eltern- und Familienarbeit in Einrichtungen der Erziehungshilfe. 4. Aufl. IGfH-Eigenverlag, Frankfurt

CONEN, MARIE-LUISE (2007): Schwer zu erreichende Eltern. Ein systemischer Ansatz der Elternarbeit in der Heimerziehung. In: HOMFELDT, Hans Günther; SCHULZE-KRÜDENER, Jörgen (Hrsg.): Elternarbeit in der Heimerziehung. Ernst Reinhardt Verlag, München, 61-77

DIOUANI-STREEK, MÉRIEM (2007): Kindeswohl und Elternrecht: Zur Umgangsproblematik von Minderjährigen in Heimerziehung und Eltern. In: HOMFELDT, HANS GÜNTHER; SCHULZE-KRÜDENER, JÖRGEN (Hrsg.): Elternarbeit in der Heimerziehung. Ernst Reinhardt Verlag, München, 44-60

DREES, MANFRED (1998): Eltern, deren Kinder in Heimerziehung leben. Eine empirische Untersuchung in einer Einrichtung der stationären Erziehungshilfe zur Frage der Verfügbarkeit elterlicher Ressourcen und ihrer Nutzung. LIT Verlag, Münster

ERLER, MICHAEL (2004): Soziale Arbeit. Ein Lehr- und Arbeitsbuch zu Geschichte, Aufgaben und Theorie. 5. Aufl. Juventa, Weinheim

FALTERMEIER, JOSEF (2001): Verwirkte Elternschaft? Fremdunterbringung – Herkunftseltern – Neue Handlungsansätze. Votum, Münster

FALTERMEIER, JOSEF (2004): Herkunftseltern und Fremdunterbringung: Situation, Erleben und Perspektiven. In: Sozialpädagogisches Institut im SOS-Kinderdorf e.V. (Hrsg.): Herkunftsfamilien in der Kinder- und Jugendhilfe – Perspektiven für eine partnerschaftliche Zusammenarbeit. Eigenverlag, München, 45-59

FLOSDORF, PETER (2007): Eltern- und Familienarbeit in der Heimerziehung historisch betrachtet: Zum fachlichen Perspektivenwechsel in der Kinder- und Jugendhilfe. In: HOMFELDT, HANS GÜNTHER; SCHULZE-KRÜDENER, JÖRGEN (Hrsg.): Elternarbeit in der Heimerziehung. Ernst Reinhardt Verlag, München, 31-43

FORSCHNER, MAXIMILIAN (2001): Berufsethik. In: HÖFFE, OTTFRIED (Hrsg.): Lexikon der Ethik. 6. Aufl. C.H. Beck, München, 22-23

GALUSKE, MICHAEL (2002): Methoden der Sozialen Arbeit. Eine Einführung. 4. Aufl. Juventa, Weinheim

GILDEMEISTER, REGINE (1996): Professionalisierung. In: KREFT, DIETER; MIELENZ, INGRID (Hrsg.): Wörterbuch Soziale Arbeit. Aufgaben, Praxisfelder, Begriffe und Methoden der Sozialarbeit und Sozialpädagogik. 4. Aufl. Juventa, Weinheim, 443-445

GRAGERT, NICOLA; SECKINGER, MIKE (2007): Die Bedeutung der Resilienzforschung für die stationären Hilfen zur Erziehung. In: Sozialpädagogisches Institut im SOS-Kinderdorf e.V. (Hrsg.): Wohin steuert die stationäre Erziehungshilfe? Eigenverlag, München, 119-148

GRAßL, WOLFGANG; WELLESSEN, WILHELM (2004): Qualitätsstandards und Qualitätssicherung für die Zusammenarbeit mit Herkunftsfamilien. In: Sozialpädagogisches Institut im SOS-Kinderdorf e.V. (Hrsg.): Herkunftsfamilien in der Kinder- und Jugendhilfe – Perspektiven für eine partnerschaftliche Zusammenarbeit. Eigenverlag, München, 114-125

GRUNWALD, KLAUS; THIERSCH, HANS (2005): Zur Entwicklung des Konzepts Lebensweltorientierte Soziale Arbeit. In: OTTO, HANS-UWE; THIERSCH, HANS (Hrsg.) Handbuch Sozialarbeit/Sozialpädagogik. 3. Aufl. Ernst Reinhardt Verlag, München, 1136-1140

GÜNDER, RICHARD (2007a): Praxis und Methoden der Eltern- und Familienarbeit. In: HOMFELDT, HANS GÜNTHER; SCHULZE-KRÜDENER, JÖRGEN (Hrsg.): Elternarbeit in der Heimerziehung. Ernst Reinhardt Verlag, München, 78-98

GÜNDER, RICHARD (2007b): Praxis und Methoden der Heimerziehung. Entwicklungen, Veränderungen und Perspektiven der stationären Erziehungshilfe. 3. Aufl. Lambertus, Freiburg i. Br.

HAMBERGER, MATTHIAS (2002): Erzieherische Hilfen im Heim. In: Bundesministerium für Familie, Senioren, Frauen und Jugend (Hrsg.): Leistungen und Grenzen von Heimerziehung. Ergebnisse einer Evaluationsstudie stationärer und teilstationärer Erziehungshilfen. 2. Aufl. Verlag W. Kohlhammer, Stuttgart, 200-258

HANSEN, GERD (1994): Die Persönlichkeitsentwicklung von Kindern in Erziehungsheimen. Ein empirischer Beitrag zur Sozialisation durch Institutionen der öffentlichen Erziehungshilfe. Deutscher Studien Verlag, Weinheim

HANSEN, GERD (1999): Elternarbeit. Working with Parents. In: COLLA, H. E. et. al. (Hrsg.): Handbuch Heimerziehung und Pflegekinderwesen in Europa / Handbook Residential and Foster Care in Europe. Luchterhand, Neuwied, 1023-1029

HIELSCHER, HANS (1991): Elternarbeit (Elternbildung). In: Schwendtke, Arnold (Hrsg.): Wörterbuch der Sozialarbeit und Sozialpädagogik. 3 Aufl. Quelle & Meyer, Heidelberg, 74-75

HOFER, BÄRBEL (2007): Weiterbildung zur Elternarbeit in der Heimerziehung. In: HOMFELDT, HANS GÜNTHER; SCHULZE-KRÜDENER, JÖRGEN (Hrsg.): Elternarbeit in der Heimerziehung. Ernst Reinhardt Verlag, München, 134-149

HOHMAIER, JÜRGEN; MAIR, HELMUT (1989): Vorwort. In: HOHMEIER, JÜRGEN; MAIR, HELMUT (Hrsg.) Eltern- und Familienarbeit. Familien zwischen Selbsthilfe und professioneller Hilfe. Lambertus, Freiburg i. Br., 7-11

HOMFELDT, GÜNTHER; KREID, BIANCA (2007): Elternarbeit in der Heimerziehung und Selbstreporte. In: HOMFELDT, HANS GÜNTHER; SCHULZE-KRÜDENER, JÖRGEN (Hrsg.): Elternarbeit in der Heimerziehung. Ernst Reinhardt Verlag, München, 184-195

HOMFELDT, HANS GÜNTHER; SCHULZE-KRÜDENER, JÖRGEN (2007): Zur Einführung. In: HOMFELDT, HANS GÜNTHER; SCHULZE-KRÜDENER, JÖRGEN (Hrsg.): Elternarbeit in der Heimerziehung. Ernst Reinhardt Verlag, München, 7-14

JURCZYK, KARIN; WAHL, KLAUS (2008): Familienpolitik. In: KREFT, DIETER; MIELENZ, INGRID (Hrsg.): Wörterbuch Soziale Arbeit. Aufgaben, Praxisfelder, Begriffe und Methoden der Sozialarbeit und Sozialpädagogik. 6. Aufl. Juventa, Weinheim, 289-294

KINDERARCHE SACHSEN e.V. (Hrsg.) (2007): Festschrift 15 Jahre Kinderarche Sachsen e.V. Krause, Radebeul

KOOB, DIETER; KOOB BEATE (1992): Familienarbeit in der AREV-Wohngruppe. Sozial- und heilpädagogische Kinder- und Jugendwohngruppe der AREV. In: CONEN, MARIE-LUISE (Hrsg.): Familienorientierung als Grundhaltung in der stationären Erziehungshilfe. Borgmann, Dortmund, 39-66

KUHLMANN, CAROLA; SCHRAPPER, CHRISTIAN (2001): Geschichte der Erziehungshilfen von der Armenpflege bis zu den Hilfen zur Erziehung. In: BIRTSCH, VERA; MÜNSTERMANN, KLAUS; TREDE, WOLFGANG (Hrsg.): Handbuch Erziehungshilfen. Leitfaden für Ausbildung, Praxis und Forschung. Votum, Münster, 282-329

LAMBERS, HELMUT (1996): Heimerziehung als kritisches Lebensereignis. Eine empirische Längsschnittuntersuchung über Hilfeverläufe im Heim aus systemsicher Sicht. Votum, Münster

LUKAS, HELMUT (2008): Prävention. In: KREFT, DIETER; MIELENZ, INGRID (Hrsg.): Wörterbuch Soziale Arbeit. Aufgaben, Praxisfelder, Begriffe und Methoden der Sozialarbeit und Sozialpädagogik. 6. Aufl. Juventa, Weinheim, 664-667

MOOS, MARION; SCHMUTZ, ELISABETH (2006): Familienaktivierende Heimerziehung. Abschlussbericht der wissenschaftlichen Begleitung zum Projekt „Neue Formen der Familienaktivierenden Heimerziehung in Rheinland-Pfalz". Institut für Sozialpädagogische Forschung Mainz (ism) e.V., Mainz

MÜNCHMEIER, RICHARD (2008): Ethik. In: KREFT, DIETER; MIELENZ, INGRID (Hrsg.): Wörterbuch Soziale Arbeit. Aufgaben, Praxisfelder, Begriffe und Methoden der Sozialarbeit und Sozialpädagogik. 6. Aufl. Juventa, Weinheim, 267-270

NEUMEYER, WILLIBALD (1996): Heimerziehung und Familienarbeit: Konzepte, Probleme, Lösungen. In: Unsere Jugend, 3, 120-130

NIEDERBERGER, JOSEF MARTIN (1997): Kinder in Heimen und Pflegefamilien. Fremdplatzierung in Geschichte und Gesellschaft. Kleine Verlag, Bielefeld

NIKLES, BRUNO W. (2008): Institutionen und Organisationen der Sozialen Arbeit. Eine Einführung. Ernst Reinhardt Verlag, München

NOACK, WINFRIED (2001): Sozialpädagogik. Ein Lehrbuch. Lambertus, Freiburg i. Br.

PESTALOZZI, JOHANN HEINRICH (1998): Brief an einen Freund über seinen Aufenthalt in Stans. In: THOLE, WERNER; GALUSKE, MICHAEL; GÄNGLER, HANS (Hrsg.): KlassikerInnen der Sozialen Arbeit. Sozialpädagogische Texte aus zwei Jahrhunderten – ein Lesebuch. Luchterhand, Neuwied, 43-66

PLANUNGSGRUPPE PETRA (Hrsg.) (1988): Was leistet Heimerziehung? Ergebnisse einer empirischen Untersuchung. Walhalla und Praetoria Verlag, Regensburg

RAUSCHENBACH, THOMAS (2007): Fremdunterbringung und gesellschaftlicher Wandel. In: Sozialpädagogisches Institut im SOS-Kinderdorf e.V. (Hrsg.): Wohin steuert die stationäre Erziehungshilfe?. Eigenverlag, München, 8-39

RAUSCHENBACH, THOMAS (2008) Ausbildung/Ausbildungen. In: KREFT, DIETER; MIELENZ, INGRID (Hrsg.): Wörterbuch Soziale Arbeit. Aufgaben, Praxisfelder, Begriffe und Methoden der Sozialarbeit und Sozialpädagogik. 6. Aufl. Juventa, Weinheim, 111-117

RITSCHER, WOLF (2002): Systemische Modelle für die Soziale Arbeit. Ein integratives Lehrbuch für Theorie und Praxis. Carl-Auer-Systeme Verlag, Heidelberg ROTHE, MARGA (1994): Sozialpädagogische Familien- und Erziehungshilfe. Eine Handlungsanleitung. 3. Aufl. Verlag W. Kohlhammer, Stuttgart

RYAN, TONY; WALKER, RODGER (2007): Wo gehöre ich hin? Biografiearbeit mit Kindern und Jugendlichen. 4. Aufl. Juventa Verlag, Weinheim

SCHILLING, JOHANNES (2005): Soziale Arbeit. Geschichte – Theorie – Profession. 2. Aufl. Ernst Reinhardt Verlag, München

SCHILLING, JOHANNES (2008): Didaktik/Methodik Sozialer Arbeit. Grundlagen und Konzepte. 5. Aufl. Ernst Reinhardt Verlag, München

SCHRAPPER, CHRISTIAN (2004): ...und wer sind die besseren Eltern? Anmerkungen zur Zusammenarbeit professioneller Pädagoginnen und Pädagogen mit Herkunftseltern. In: Sozialpädagogisches Institut im SOS-Kinderdorf e. V. (Hrsg.): Herkunftsfamilien in der Kinder- und Jugendhilfe – Perspektiven für eine partnerschaftliche Zusammenarbeit. Eigenverlag, München, 181-198

SCHRÖER, HUBERTUS (2007): Stationäre Hilfen zwischen Kindeswohl und Kostendruck aus der Perspektive eines öffentlichen Trägers. In: Sozialpädagogisches Institut im SOS-Kinderdorf e.V. (Hrsg.): Wohin steuert die stationäre Erziehungshilfe?. Eigenverlag, München, 208-228

SCHLÜTER, WOLFGANG (1995): Sozialphilosophie für helfende Berufe. 3. Aufl. Ernst Reinhardt Verlag, München

SCHULZE-KRÜDENER, JÖRGEN (2007): „Mit der Elternarbeit geht es uns meist besser als ohne": Eltern als unverzichtbare Kooperationspartner in der Heimerziehung? In: HOMFELDT, HANS GÜNTHER; SCHULZE-KRÜDENER, JÖRGEN (Hrsg.): Elternarbeit in der Heimerziehung. Ernst Reinhardt Verlag, München, 99-111

SCHWING, RAINER; FRYSZER, ANDREAS (2007): Systemisches Handwerk. Werkzeug für die Praxis. 2. Aufl. Vandenhoeck & Ruprecht, Göttingen

STASCHEIT, ULRICH (Hrsg.) (2008): Gesetze für Sozialberufe. Textsammlung. 16. Aufl. Nomos, Baden-Baden

STIMMER, FRANZ (2006): Grundlagen des Methodischen Handelns in der Sozialen Arbeit. 2. Aufl., Verlag W. Kohlhammer, Stuttgart

TAUBE, KATRIN (2000): Von der Elternarbeit zur systemischen Familienarbeit in der Heimerziehung. In: Sozialpädagogisches Institut im SOS-Kinderdorf e. V. (Hrsg.): Zurück zu den Eltern? Eigenverlag, München, 16-73

TAUBE, KATRIN; VIERZIGMANN, GABRIELE (2000): Zur Rückführung fremduntergebrachter Kinder in ihre Herkunftsfamilien. In: Sozialpädagogisches Institut im SOS-Kinderdorf e. V. (Hrsg.): Zurück zu den Eltern? Eigenverlag, München, 6-15

THIERSCH, HANS (2005): Lebensweltorientierte Soziale Arbeit. Aufgaben der Praxis im sozialen Wandel. 6. Aufl. Juventa, Weinheim

THIESMEIER, MONIKA; SCHRAPPER, CHRISTIAN (1989): Eltern- und Familienarbeit in der Heimerziehung. Anmerkungen zu einem komplizierten Aufgabenbereich. In: HOHMEIER, JÜRGEN; MAIR, HELMUT (Hrsg.) Eltern- und Familienarbeit. Familien zwischen Selbsthilfe und professioneller Hilfe. Lambertus, Freiburg i. Br., 90-118

TREDE, WOLFGANG (2006): Was sind erzieherische Hilfen? In: KRAUSE, HANS-ULLRICH; PETERS; FRIEDHELM (Hrsg.): Grundwissen Erzieherische Hilfen. Ausgangsfragen, Schlüsselthemen, Herausforderungen. 2. Aufl. Juventa, Weinheim, 17-36

TREDE, WOLFGANG (2008): Elternarbeit. In: KREFT, DIETER; MIELENZ, INGRID (Hrsg.): Wörterbuch Soziale Arbeit. Aufgaben, Praxisfelder, Begriffe und Methoden der Sozialarbeit und Sozialpädagogik. 6. Aufl. Juventa, Weinheim, 227-229

VERBAND DER KATHOLISCHEN EINRICHTUNGEN DER HEIM- und HEILPÄDAGOGIK e.V. (Hrsg.)(1989): Familienarbeit in der Heimerziehung. Lambertus, Freiburg i. Br.[zitiert als: Verb. kath. Einrichtungen 1989]

VERNOOIJ, MONIKA-ANNA (2001): Elternarbeit. In: KALLER, PAUL (Hrsg.) Lexikon Sozialarbeit, Sozialpädagogik, Sozialrecht. Quelle & Meyer, Weibelsheim, 103

VON SPIEGEL, HILTRUD (2004): Methodisches Handeln in der Sozialen Arbeit. Grundlagen und Arbeitshilfen für die Praxis. Ernst Reinhardt Verlag, München

VOSSENKUHL, WILHELM (2001): Berufsethik. In: HÖFFE, OTTFRIED (Hrsg.): Lexikon der Ethik. 6. Aufl. C.H. Beck, München, 41-42

WEBER, MAX (2007): Die protestantische Ethik und der Geist des Kapitalismus. area verlag, Erfstadt

WIESNER, REINHARD (2004): Herkunftseltern als Partner der Sozialen Dienste – zwischen Recht und Realität. In: Sozialpädagogisches Institut im SOS-Kinderdorf e. V. (Hrsg.): Herkunftsfamilien in der Kinder- und Jugendhilfe – Perspektiven für eine partnerschaftliche Zusammenarbeit. Eigenverlag, München, 73-91

13 Anlagen

Anlage 1
Die Anlage kann aus rechtlichen Gründen nicht veröffentlicht werden.

Anlage 2
Die Anlage kann aus rechtlichen Gründen nicht veröffentlicht werden.

Anlage 3
Statistik der Kinder- und Jugendhilfe Teil III.3 Einrichtungen und tätige Personen in der Kinder- und Jugendhilfe (ohne Tageseinrichtung für Kinder) (Stand 31.12.2006); angefordert per Email von der Homepage des Statistischen Bundesamt in Wiesbaden; *http://www.destatis. de*; Auskunft per Email von *jugendhilfe@destatis.de* am 11.03.2009

Anlage 4
Sächsischer Lehrpläne für die Fachschule Fachbereich Sozialwesen/ Fachrichtung Sozialpädagogik (Erzieher/Erzieherin); *http://www.sachsen-macht-schule.de/apps/lehrplandb/downloads/lehrplaene/lp_fs_erzieher. pdf*; Abrufdatum 27.07.09

Anlage 5
Evangelischer Erziehungsverband e.V. (EREV): Weiterbildung zur/ zum Systemischen BeraterIn in der Jugendhilfe mit dem Schwerpunkt der Elternarbeit; *http://www.erev.de/dscontent/Fortbildungen-2009/?nr=144*; Abrufdatum 27.05.09

Anlage 6
www.kindergartenpaedagogik/1057.html; Abrufdatum 19.07.09

Abbildungs- und Tabellenverzeichnis

Tabelle 1: Elternarbeit in stationären Erziehungshilfen 48

Tabelle 2: Überblick über Berufsgruppen in der stationären
Erziehungshilfe (Stand 31.12.2006) 101

Tabelle 3: Überblick über die Berufsabschlüsse im Arbeitsfeld
Heimerziehung beim Erziehungshilfeverein Göltzschtal
e.V. (Stand: 23.05.2008) 102

Tabelle 4: Alterstruktur des gesamten pädagogischen Personals
des Erziehungshilfevereins Göltzschtal e.V. (Stand:
23.05.2008) 104

Tabelle 5: Räumliche Entfernung zwischen Sozialpädagogischer
Wohngruppe und Wohnort der Familien
(bzw. Elternteile) – Stand 30.06.2009 115

Abbildung 1: Loyalitätskonflikte des Kindes 61

Abbildung 2: Berufsethische Verantwortlichkeiten
einer sozialpädagogischen Fachkraft 129

Danksagung

Dank gebührt jenen Menschen, die mich bei der Erstellung der vorliegenden Arbeit unterstützt haben.

Ich widme dieses Buch Grit und meiner Familie.

Für euch.